AF296621

PLAIDOYÉ

DE

M. ANTOINE

ARNAVLD,

AVOCAT EN PARLEMENT
& cy-deuant Procureur General de
la deffunte Roine Mere des Rois.

POVR L'VNIVERSITE' DE PARIS
Demanderesse.

CONTRE LES IESVITES
Deffendeurs.

Des 12. & 13. Iuillet 1594.

A PARIS,

Par MAMERT PATISSON, Imprimeur
du Roy.

M. D. XCIIII.

AVEC PRIVILEGE.

LE Recüeil que l'on don-
ne au public , eſt com-
poſé de trois Piéces.

La premiere eſt le fameux
Plaidoyé de M. Antoine Arnauld pour l'Univerſité de
Paris , contre les Jeſuites, en
1594.

La ſeconde, eſt une Rela-
tion de ce qui s'eſt paſſé au
rétabliſſement de ces Peres,
en 1604.

Le troiſiéme, eſt le Plaidoyé de M. Chevalier pour
les Chanoines de Reims. Il

ã

feroit inutile de vouloir pré-
venir le Lecteur en faveur
de ce dernier écrit. Il n'y aura perfonne qui ne life avec
plaifir ce qui a été entendu
avec une efpece d'enthou-
fiafme. Il eft vrai que l'im-
preffion ne peut point con-
ferver à un Difcours cette force, ce mouvement, & cette
forte de vie que lui donne
une voix forte & fonore, &
une déclamation naturelle &
pathetique ; mais auffi elle ne
lui peut ôter ce qu'il a de
folide & de véritable éloquence.

Il faut pourtant avoüer qu'il
manque à ce Plaidoyé plu-
fieurs traits finguliers , &
plufieurs Anecdotes curieu-

ſes dont M. Chevalier a eu ſoin d'égayer ſa matiére. Mais elles n'étoient pas écrites, & on n'a pas jugé à propos de communiquer à l'Auteur le deſſein qu'on avoit de rendre publique ſa harangue, parce qu'on ſçait qu'il n'y auroit pas conſenti.

Pour ce qui eſt des deux autres Ecrits, il paroît néceſſaire de s'étendre un peu davantage pour en faire voir l'occaſion, & en donner une connoiſſance exacte.

Tout le monde ſçait qu'en 1550. la Compagnie des Jeſuites par le crédit du Cardinal de Lorraine, obtint des Lettres du Roy Henry II. pour être reçûë en France,

avec pouvoir d'enseigner à
à Paris & non ailleurs. Quatre ou cinq ans après, elle
présenta ces Lettres au Parlement qui dès ce temps-là ne
jugeoit pas autrement bien
de ces Missionnaires Espagnols. La Cour ordonna que
ces Lettres seroient commu-
niquées à l'Evêque de Paris,
(Jean du Bellay) & à la Faculté de Theologie. Ce fut
pour lors que cette sçavante
Ecole donna ce fameux De-
cret, qu'on peut appeller une
espece de prophetie dont
nous voyons aujourd'huil'ac-
complissement. Elle decla-
roit dans ce Decret, qu'*il lui*
sembloit que la Société des Peres
Jesuites etoit dangereuse en ma-

tiere de Foy ; (ce font fes propres termes,) *capable de troubler le repos de l'Eglife ; de ren-
verfer l'ordre Monaftique , &*
de détruire plutôt que d'édifier.

Les obftacles que les Je-
fuites trouverent de la part
du Parlement, de l'Evêque
de Paris , & de l'Univerfité , ne fervirent qu'à les rendre plus actifs ; & ils firent
tant qu'ils obtinrent de François I I. des Lettres adreffées
au Parlement, qui lui ordon-
noient de verifier l'établiffe-
ment de la Compagnie des
Jefuites dans ce Royaume.
Pour engager la Cour à leur
accorder ce qu'ils deman-
doient , ils offrirent de fe
foumettre au droit commun,

ã iij

AVERTISSEMENT.

& de renoncer à tous privileges à eux accordez par le saint Siége, qui euſſent pû contrevenir à l'autorité des Evêques, Curez, Colleges, Univerſitez, aux Coûtumes, & libertez de l'Egliſe Gallicane, & aux conventions faites entre nos Rois & les Papes. Néanmoins par Arrêt, la Cour renvoya la queſtion d'approuver ou de rejetter ce nouvel Ordre, à un Concile Univerſel, ou à l'Aſſemblée de l'Egliſe Gallicane. C'eſt tout ce qu'ils purent obtenir du Parlement. Enfin, le Cardinal de Tournon, agit puiſſamment pour eux au Colloque de Poiſſy. L'Aſſemblée des Prélats les reçût à condi-

tion qu'ils prendroient un autre nom que celui de Jefuites, & de la Compagnie de
Jefus ; parce qu'on trouvoit
ce nom trop fuperbe, &c.

Auffi-tôt les Peres Jefuites
firent l'ouverture du College de Clermont qui leur a-
voit été donné par Guillaume du Prat, Evêque de Clermont, fils du Chancelier du
Prat.

L'Univerfité ne manqua
point de leur faire interdire
par fon Recteur, la liberté
d'enfeigner. Les Jefuites en
revanche ayant préfenté Requête à l'Univerfité pour y
être incorporez ; l'affaire fut
portée au Parlement. Deux
fameux Avocats, Eftienne

AVERTISSEMENT.

Pasquier pour l'Université, & Pierre Versoris pour les Jesuites , plaiderent cette Cause avec autant d'éloquence que de chaleur. Baptiste du Mesnil Avocat du Roy, conclut contre ces Peres. Néanmoins on se laissa persuader alors que les Jesuites pourroient servir la France & la Religion contre les Huguenots, dont les erreurs & les factions agitoient le Royaume. La Cause fut appointée, & il fut permis aux Peres d'enseigner par provision : cecy se passa sous Charles IX. en 1564.

Ils joüirent de ce privilege sans être inquietez jusqu'en 1594. que l'Université re-

commença ses poursuites.
Elle sçavoit que le Parlement
regardoit alors les Jesuites
comme des émissaires d'Espagne, & comme des gens
plus propres à fomenter les
divisions de l'Etat, en faveur
des Espagnols, qu'à servir
la Religion contre les Huguenots. Elle présenta donc
sa Requête à la Cour; & après
avoir exposé; » Que les de-
sordres qu'elle avoit souf- «
ferts, avoient été causez «
par une certaine Secte o- «
riginaire d'Espagne, & «
des environs, qui prenoit «
la qualité ambitieuse du «
nom de Jesus; laquelle de «
tout temps, & speciale- «
ment depuis les troubles, «

ã v

AVERTISSEMENT.

» s'étoit renduë partiale &
» fautrice de la faction Ef-
» pagnole, chofe dès fon a-
» venement prévûë par les
» Supplians, & notamment
» par le Decret de la Facul-
» té de Theologie, qui por-
» toit qu'elle enfraignoit tout
» ordre, tant Politique que
» Hierarchique ; Que cette
» Société, il y avoit trente
» ans, lorfqu'elle n'étoit pas
» épanduë par les autres Vil-
» les de la France, ayant pré-
» fenté fa Requête pour être
» incorporée à l'Univerfi-
» té, la Caufe avoit été ap-
» pointée au Confeil, & or-
» donné que les chofes de-
» meureroient en l'état qu'el-
» les étoient, c'eft-à-dire,

AVERTISSEMENT.

que les Jesuites ne pour- «
roient rien entreprendre au «
préjudice de cet Arrêt. A «
quoi ils n'avoient pas satis- «
fait ; mais, qui plus est, se «
mêlant des affaires d'Etat, «
avoient servi de Ministres «
& d'Espions aux Espagnols, «
comme il étoit notoire à «
tout le monde ; Que l'Ins- «
tance appointée au Conseil «
n'ayant point été poursui- «
vie, ny même les Plai- «
doyez levez de part & d'au- «
tre, étoit par ce moyen pé- «
rie : Elle concluoit qu'il «
plût à la Cour ordonner «
que cette Secte fût exter- «
minée, non seulement de «
l'Université ; mais aussi de «
tout le Royaume, requé- «

ã vj

» rant pour cet effet la jonc-
« tion du Procureur Géné-
» ral..

La Requête fut réponduë,
& les Jesuites assignez au premier jour. Les Curez de Paris intervinrent , & furent
reçûs Parties. Ils se plai-
gnoient que les Jesuites en-
treprenoient sur leurs fonc-
tions , & troubloient toute
la Hierarchie Ecclesiastique:
Ils choisirent pour leur Avocat Loüis Dolé : Claude Duret fut celui des Jesuites, &
ce fut M. Antoine Arnauld
qui plaida pour l'Université.

C'est le Plaidoyé de ce dernier , qui est le premier des
trois Ecrits , que l'on donne

AVERTISSEMENT.

au public. Il a déja été imprimé en 1594. avec privilege du Roy. Mais comme il est devenu tres-rare, & qu'il est hors de prix ; on a crû faire plaisir aux curieux, de leur en procurer une nouvelle édition. On sçait que cette Piéce a été appellée, *le Péché Originel* des Arnaulds. En effet, c'est ce qui a commencé à aigrir la Société contre cette illustre Famille, & personne n'ignore jusqu'où elle a porté son ressentiment.

Pour le Plaidoyé en lui-même, il est dans un genre d'éloquence, un peu différent de celle qui regne aujourd'hui dans le Barreau. De frequentes allusions à quelque trait de l'histoire ancienne; des comparaisons prises des Naturalistes, qui tiennent lieu de preuve; un grand nombre de passages d'Auteurs & de Poëtes latins; les grandes figures, comme les apostrophes & les exclamations, tout cela doit être aujourd'hui fort rare, & placé bien à propos pour être goûté: Tout cela néanmoins se rencontre très-souvent dans cette piéce. Mais ce qui seroit un défaut dans le siécle où nous sommes, plaisoit alors. Ainsi pour juger sainement de cet Ouvrage, il faut se transporter dans le temps où il a été fait. Il faut aussi faire réfléxion que l'on ne

faiſoit que ſortir alors des fureurs de la Ligue, & que tous
les bons François à la vûë des
malheurs qu'elle avoit cau-
ſez à la France, ne pouvoient
guéres parler de ſens froid,
contre ceux qu'ils en croioient
la cauſe. C'eſt ce qui fait que
cet Ecrit eſt rempli d'invecti-
ves ſanglantes, & quelques-
fois d'injures atroces, contre
les Jeſuites qui favoriſoient
la faction Eſpagnole. Pour
les choſes mêmes chacun en
jugera ſuivant ſon goût, &
ſes lumiéres.

Le ſuccès ne répondit point
à l'attente des gens de bien. Si
le nombre des ennemis des
Jeſuites étoit grand, celui de
leurs amis étoit bien puiſſant.

Ils avoient contre eux tout ce
qu'il y avoit de cœurs François ; mais aussi ceux qui crai-
gnoient la Cour de Rome,
& qui la regardoient comme
l'endroit d'où pouvoit venir
le trouble ou le repos du
Roïaume ; ceux qui avoient
été leurs Ecoliers ou leurs
Compagnons dans la Ligue :
Enfin tous ceux d'entre les
Grands qui étoient picquez
de quelques mécontentemens
secrets, ou qui avoient encore dans la tête quelque def-
sein de Ligue, prirent haute-
ment leur défense. Il y en eut
même quelques-uns, comme
le Cardinal de Bourbon, &
le Duc de Nevers, a qui le zéle inspira d'envoïer des pro-

curations pour se rendre parties avec eux dans cette cause.

Le Conseil du Roy ne ju-
geoit pas aussi que le temps
& la disposition des affaires,
fussent propres pour remuer
cette Instance. On apprehen-
doit que ceux qui cherchoient
le trouble & la division ,
n'eussent un prétexte de rendre la conversion du Roy
suspecte, & d'animer les Peuples contre lui : Enfin, le Roi
Henry I V. ce Roi qui faisoit
l'amour & les délices de la
plus saine partie de son Peuple, & qui eût voulu se faire
aimer des Jesuites mêmes ;
ce bon Roi craignoit ces Pe-

res. Il sçavoit qu'ils étoient puissans à Rome; qu'ils étoient maîtres de bien des consciences , & qu'un faux zéle de religion peut porter aux extremitez les plus affreuses. Après cela, il n'est pas surprenant que les demandes de l'Université n'ayent point été écoutées. La cause fut donc derechef appointée , & les Plaidoyez d'Arnauld & de Dolé joints au principal, pour être jugé sur le tout.

On sçait quel usage firent les Jesuites de la liberté qu'on leur laissa d'enseigner la jeunesse. On sçait que le 27. Decembre de la même année 1594. un de leurs Ecoliers

nommé Jean Chaſtel, qui a-
voit fait ſon cours de Philo-
ſophie ſous le Pere Jean Gue-
ret, commit ce deteſtable attentat qui penſa enlever aux
François, celui que la provi-
dence avoit deſtiné pour faire la felicité de ſon Peuple.
On ſçait qu'ils furent con-
vaincus d'avoir dit en préſen-
ce de ce diſciple digne d'eux,
qu'il étoit permis de tuer le Roi,
& qu'on ne le devoit point recon-
noiſtre juſqu'à ce qu'il fût approu-
vé par le Pape. On ſçait qu'on
trouva dans les papiers de
Jean Guignard, (ce même
Guignard dont le Pere Jou-
vancy fait un Martyr) qu'on
y trouva, dis-je, ces maxi-

lequel nos maximes Fran-
çoises font fi bien établies ;
mais en attendant on a crû
faire plaifir à ceux qui n'en-
tendent point le Latin, ou
qui ne peuvent pas commo-
dément avoir ce gros Ouvrage, de leur donner la traduc-
tion de ce qu'a fait ce céle-
bre Auteur, fur le rétabliffe-
ment des Jefuites ; ce morceau outre plufieurs particu-
laritez tres-curieufes, con-
tient le Difcours important
que fit le Premier Préfident
de Harlay à Henry IV. pour
repréfenter au Roi quels é-
toient les fentimens du Parlement fur le retour des Jefuites. On fera bien-aife de

voir ce que penſoit cet illuſtre Corps de cette fameuſe Société, ou plutôt on verra que les ſentimens du Parlement n'ont point changé à ſon égard, & qu'il en penſoit dès lors ce qu'il en penſe aujourd'hui.

On trouvera à la fin de cet Ecrit, deux morceaux qui n'ont point de rapport avec le commencement. Le premier eſt une intrigue des Jeſuites pour faire caſſer un Decret de la Faculté de Theologie : le ſecond eſt un colloque du Pere Cotton avec le Diable. Ceux même qui ſeroient d'aſſez mauvaiſe humeur pour être mécontens

AVERTISSEMENT.

de ce qu'on a coufu enfemble fans tranfition, ni avertiffement, des piéces qui n'ont aucun rapport, ne pourront s'empêcher de rire en lifant le grimoire du Pere Confeffeur.

PLAIDOYÉ

DE

M. ANTOINE

ARNAVLD,

AVOCAT EN PARLEMENT,
& cy-deuant Procureur General de
la deffunte Roine Mere des Rois.

POVR L'VNIVERSITE' DE PARIS
Demanderesse.

CONTRE LES IESVITES
Deffendeurs.

Des 12. & 13. Iuillet 1594.

A PARIS,

Par MAMERT PATISSON, Imprimeur
du Roy.

M. D. XCIIII.

AVEC PRIVILEGE.

Le sujet du Plaidoyé.

LES Iesuites s'estant maintenus contre plusieurs poursuites de l'Vniuersité, par le support
de ceux qui auoient à faire d'eux
pour executer leurs grandes & malheureuses entreprises : enfin, depuis
le jour des Barricades , commande-
rent impérieusement dans Paris :
& allumerent la sedition en toutes les principales Villes du Royaume , blasphemant sans cesse en leurs
Sermons & Confessions , contre la
memoire du feu Roy , & contre la
Maiesté du Roy regnant , qu'ils
ont blessée de toutes les façons qui
se peuuent excogiter : & pour comble de leurs impietez , se sont ef-

A

forcez de faire aſſaſſiner le Roy,
par Barriere executé à Melun,
qui l'a ainſi depoſé à la mort. Cela
a eſté cauſe que la premiere reſo-
lution priſe par l'Vniuerſité de Pa-
ris, depuis la reduction de la Ville,
a eſté de demander l'extermina-
tion des Ieſuites. A cet effet Re-
queſte fut preſentée contre eux à la
Cour de Parlement, de laquelle
ayant durant quelques jours mé-
priſé l'autorité; enfin preſſez par
vn Arreſt du Ieudy 7. Iuillet 1594.
qui portoit que le defaut ſeroit le
Lundy en ſuiuant en l'Audian-
ce publique, iugé ſur le champ : ils
firent ce jour-là introduire leur
Advocat dans la Grand' Cham-
bre, auparauant l'Audiance ou-
uerte; qui declara que pour deffen-
dre la Cauſe de ſes Parties, il

estoit contraint de dire beaucoup
de choses facheuses contre plusieurs
qui s'estoient declarez seruiteurs
du Roy, & pour cette occasion
demandoit que la Cause fût plai-
dée à huis clos. C'estoit vne ruse
des Iesuites pour empescher que
le Peuple qu'ils ont jusqu'au jour-
d'hui charmé & ensorcelé, ne con-
nust clairement leurs impostures &
leurs pernicieux desseins d'assu-
iettir toute l'Europe à l'Espagne.
Neanmoins cette artificieuse sur-
prise leur succeda si bien, qu'il fust
ordonné que la Cause se plaideroit
à huis clos. Maistre Antoine Arnauld parla pour l'Vniuersité ;
Maistre Loys Dollé pour les Curez de Paris, joints avec l'Vniuersité ; Maistre Claude Duret
pour les Iesuites ; Maistre Iac-

A ij

ques d'Amboise Medecin du roy,
Recteur de l'Vniuersité, haran-
gua en latin contre lesdits Iesuites; Monsieur Seguier pour Monsieur le Procureur General du
Roy.

PLAIDOYÉ

DE MAISTRE
ANTOINE ARNAVLD,
AVOCAT EN PARLEMENT
Pour l'Vniuersité de Paris,
Demanderesse.

CONTRE

Les Iesuites Deffendeurs, des 12.
& 13. Juillet 1594.

MESSIEURS, je commenceray cette Cause par vne protestation toute contraire à celle de nos parties aduerses : Car au lieu qu'ils firent entendre hier par tout, que nous plaiderions à huis clos, par le moyen des menaces

A iij

qu'ils avoient faites de parler contre plusieurs qui se sont remis dans
l'obeissance du Roy , & qui ex-
posent chacun jour leurs vies aux
perils de la guerre pour son seruice, je proteste au contraire de
n'offencer ny de parole , ny d'in-
tention , aucun qui ne soit encore auiourd'huy vray Espagnol.

La raison de la diuersité de ces
deux protestations est bien claire.
Les Iesuites ne peuuent faire vn
seruice plus agreable au Roy d'Espagne leur maitre , que de diffa-
mer en ce lieu ceux qui l'ont tant
irritez, que d'auoir remis de si fortes & si importantes Villes entre
les mains de son plus grand & plus
dangereux ennemi : & au contraire, l'Vniuersité de Paris, fille ai-
née du Roy (pour laquelle je parle) ne peut faire vn seruice plus
agreable à sa Maiesté, que d'ob-
server religieusement la loy d'Am-
nestie, à laquelle nous devons nostre repos present, & celui de l'a-
uenir.

Il me fouuient d'auoir lû que
lorfque le mot de la Bataille de
Pharfale fut donné d'vne part &
d'autre, & que les Trompettes
commencerent à fonner, quelques-
vns des plus gens de bien de Rome, & quelques Grecs qui fe trouuerent fur les lieux, hors toutesfois des Batailles, voyant les chofes fi près du peril, fe mirent à
confiderer en eux-mefmes à quel
poinct les forces de l'Empire Ro-
main eftoient reduites. Car c'eftoient mefmes armes, & ordon-
nances de batailles toutes fembla-
bles, enfeignes communes & du
tout pareilles, la fleur de tous les
vaillans hommes d'vne mefme cité, & vne grande puiffance qui
s'alloit deftruire elle-mefme : donnant vn notable exemple combien
la nature de l'homme eft aueu-
glée, furieufe & forcenée, depuis qu'elle fe laiffe tranfporter à
quelque paffion violente. Car s'ils
euffent voulu regir & gouuerner

A iiij

ce qu'ils auoient tout acquis , la plus grande & la meilleure partie de la terre & de la mer eſtoit en leur obeïſſance.

De meſmes, quiconque voyant clair en nos affaires , viendra à conſiderer à quel poinct de grandeur, de felicité, de gloire , de richeſſes & de puiſſance , fuſt maintenant montée la couronne Françoiſe , ſans nos guerres plus que ciuiles : & que la fleur de tant de vaillans hommes (qui ſans nos eſmotions pourroient encores viure) ſeroit plus que ſuffiſante pour aller aſſaillir noſtre vieil ennemy iuſques dans Madric , & luy mettre en compromis ſes delices & ſon Eſcurial , principalement ſous les auſpices d'vn ſi grand & excellent conducteur d'armées , auquel ſon Nauarre , l'Arragon & le Portugal tendent les bras , pour eſtre deliurez de ceſte horrible tyrannie Caſtillane. Quiconque (dy-ie) conſiderera ces choſes, ne pourra

s'empefcher qu'il n'entre en vne
iufte colere, en vne extréme indignation à l'encontre de ceux qui
ont efté enuoyez parmy nous, pour
attifer & allumer continuellement
ce grand feu, dans lequel cefte
monarchie a quafi efté confumée.

Que ces gens icy ne foient les
Iefuites, nul ne le reuoque en doute, finon deux fortes de perfonnes : les vns qui font d'vn naturel
fi timide, qu'ils penfent encores
eftre entre les mains des feize volleurs, & des Iefuites leur confeil :
& les autres qui font de leur con-
frairie & congregation, & qui ont
fait fecrettement les plus dangereux de leurs vœux, comme toute vne ville peut eftre Iefuite.

Mais ceux-cy ne parlent que
d'vne voix baffe. Et au contraire,
on voit vn confentement grand &
vniuerfel de tous les gens de bien,
tant de ceux qui font fortis de cefte ville pendant les guerres, que
de ceux qui y font demeurez, &

A v

qui d'vne ſi grande ardeur & d'vn
ſi grand courage ont ouuert les
portes de la Capitale à leur Roy,
(*Nos enim omnes eadem metuere, ea-*
dem cupere, eadem odiſſe nunc opor-
tet :) On voit (d'y-ie) vne ſi grande affection de toutes les ames
vrayment Françoiſes, vrayment
deſireuſes de la grandeur & aug-
mentation de ceſte couronne ; qui
deſia d'vne eſperance fondée ſur
vne aſſeurance infaillible de voſtre
iuſtice, & de voſtre deuotion au
ſeruice de ſa maieſté, chaſſent
tous ces tueurs de Rois, ces confeſſeurs & exhortateurs de tels
parricides : les chaſſent (dy-ie)
hors de la France, & tout ce qui
obéït aux fleurs de Lys, ennemies
iurees de tels monſtres, qui leur
ont arraché l'vn de ſes plus chers
enfans, & ſe ſont veues à la veille
d'entendre de pareilles nouuelles
du Roy regnant, par eux ja meur-
dry d'aide, de conſeil & de deſir
bruſlant, & ce iour-là de renuer-

ſer du tout par terre & briſer en
mille pieces la colomne , ſur laquelle ce Sceptre eſt appuyé, qu'ils
eſbranlent il y a ſi long - temps:
Qu'ils eſbranlent (dy-ie) à la veüe
de tous les gens d'entendement,
qui l'ont predit en ce grand ora-
cle de la France, non point à huis
clos, mais les portes toutes ouuer-
tes , & auec vne affluence de peuple, ſemblable à celle qui eſt dans
ceſte grande ſalle , deſirant d'entrer ceans: Qui l'ont (dy-ie) predit , non point ambiguement &
en gros, mais clairement, & auec
toutes les circonſtances que nous
auons veües: annonçans toutes les
miſeres que nous avons ſenties ,
& les calamitez qui nous ont mis
à deux doigts près de noſtre ruine : mais leurs preuoyances, leurs
aduertiſſemens , leurs proteſta-
tions ont eſté auſſi inutiles que veri-
tables: vrayes Caſſandres.

Ora, Dei iuſſu, non unquam credita Teucris.

Pourquoy cela ? d'où eſt ve-

venu vne si grande lethargie , &
qu'on n'a point remedié à des
maux si bien preueus ? La cause
en est bien claire : l'or d'Espagne
s'estoit coulé dans les bourses des
plus fauorisez , qui ont continuellement soustenu & eleué ces trompettes de guerre , ces flambeaux
de sedition , ces vents turbulens
qui n'ont autre trauail que d'ora-
ger & tempester continuellement
le calme de la France.

De ceux qui ont reietté cest or
auec integrité , la plus part neantmoins ont eu le cœur failly : le
front leur a blesmy, la main leur
a tremblé, quand il a fallu frap-
per ce grand coup pour la liberté
des Gaules , & pour l'extermina-
tion de ces traistres qu'on nous
a ennoyé icy par troupes.

Peu se sont rencontrez qui ayent
ioint le courage, la force & la resolution à la preud'hommie : & de
ceux-cy , on a incontinent trouué
moyen de se desfaire , on leur a

ofté tout credit & toute authorité :
mais à la fin *venit luftris labentibus
ætas* , qu'il eft permis non feulement fans crainte (& qu'on ne
nous en penfe point faire , *iamdiu è
Gallia fugiffemus, fi nos fabula ifta de-
bellaffent*) qu'il eft permis (dy-je)
auec honneur & auec gloire de
parler contre ces mauuais efchan-
fons , qui ont verfé au peuple le
breuuage de rebellion , & l'ont
nourry d'un pain tres-dangereux,
en aigriffant la pafte de la France
du leuain Efpagnol.

Ne penfez point, efpions de Caftille , rompre ce coup de l'ardeur Françoife, & nous remettre
*ad moras iudiciorum longas nimium,
& pro nocentibus compofitas* , comme
vous fiftes en l'année 64. Lors on
ne parloit de vos actions qu'en de-
uinant : & pour vn homme qui ap-
prehende l'aduenir, il s'en trouue
touiiours dix qui n'y penfent pas :
mais maintenant qui eft celuy qui
en fon corps, ou en fes biens , en

la perte de ſes parens, ou de ſes
amis n'a ſenty les effets effroyables
de voſtre coniuration, & les exe-
cutions violentes des commandemens que vous faiſiez à la populace en la chaire dediee à la verité,
& à la pieté : laquelle vous auez
remplie de feu, de ſang, & de blaſphemes horribles, faiſant croire
au peuple que Dieu eſtoit le maſ-
ſacreur des Rois, & attribuant au
Ciel le coup d'un couſteau forgé
dans l'Enfer ?

HENRY III. mon grand Prince, qui as ce contentement dans
le Ciel, de voir ton legitime & genereux ſucceſſeur, ayant paſſé ſur
le ventre de tous tes ennemis, regner tantoſt paiſible en ta maiſon
du Louure ; & maintenant ſur la
frontiere, rompre, diſſiper & tour-
ner en fuitte (mille fois plus hon-
teuſe que la perte de dix batailles)
les armees Eſpagnoles, & fou-
droyer de tes canons les dernie-
res Villes rebelles, accompagné

de six mil Gentilshommes , qui bouillent d'impatience de continuer la glorieuse vengence de ta mort, Assiste moy en ceste cause , & me representant continuellement deuant les yeux ta chemise toute sanglante, donne moy la force & la vigueur de faire sentir à tous tes suiets la douleur, la haine & l'indignation qu'ils doiuent porter à ces Iesuites, qui par leurs confessions impies , par leurs sermons enragez , par leurs conseils secrets auec l'Ambassadeur de ton ennemy , empoisonneur de ton frere vnique, ont causé toutes les miseres que ton pauure peuple a endurees, & la fin de ta propre vie.

MESSIEVRS , Charles le quint & Philippes son fils se voyans remplis de l'or des Indes, non encores espuisees , n'ont point embrassé de moindres esperances que de se rendre Monarques & Empereurs de l'Occident ; & eleuer en

Commencement de la narration & confirmation meslées

pareille grandeur la maison d'Austriche en Europe, qu'est celle des Ottomans en Asie.

Ces grands hommes d'Estat n'ont point ignoré combien les scrupules de conscience auoient de force sur les esprits, & combien ils penetrent profondement & sans cesse dans la poitrine des hommes.

L'acquisition de la plus grande partie de la Cour de Rome leur a esté facile par le moyen de leurs pensions, & des opulents benefices de Milan, Naples, Sicile, outre ceux d'Espagne de valeur immense.

Mais d'autant que ce qui est en ceste grande Ville, est pesant & sedentaire, on a eu besoin d'hommes legers & remuans disposez en tous lieux, pour executer ce qui seroit du bien & de l'auancement des affaires d'Espagne. Ceux cy sont les Iesuites qui se sont respandus de tous costez en nombre

eſpouuentable : car il ils ſont de
neuf à dix mil, & ont deſia eſtably
deux cens vingt huict colonies Eſpagnoles, poſſedent plus de deux
millions d'or de reuenu , ſont ſei-
gneurs de Comtez & grandes Ba-
ronnies en Eſpagne & en Italie, &
deſia paruenus au Cardinalat ,
preſts d'eſtre faits Papes: & s'ils du-
roient encores trente ans en tous
les endroits où ils ſont maintenant, ce ſeroit ſans doute la plus
riche & puiſſante compagnie de la
Chreſtienté , & ſouldoyeroient des
armees, comme deſia ils y contri-
buent.

Leur principal vœu eſt d'obeïr
per omnia & in omnibus à leur General & ſuperieur, qui eſt touſ-
jours Eſpagnol,& choiſi par le Roy
d'Eſpagne. L'experience le montre
trop clairement. LAYOLA leur
premier General eſtoit Eſpagnol :
LAYNES le ſecond auſſi Eſpagnol,
le troiſieme, EVERARDVS, eſtoit
Flamant ſujet d'Eſpagne : BOR-

Le 4.
vœu
des Ie-
ſuites.

GIA quatrieme estoit Espagnol:
AQUA VIVA le cinquieme, &
qui l'est aujourd'huy, est Neapo-
litain sujet d'Espagne. Les mots de
ce quatrieme vœu sont estranges,
voire h rribles : car ils vont jusques
là, IN *illo Christum velut presen-*
tem agnoscant. Si Iesus - Christ
commandoit d'aller tuer, il le faudroit faire. Si donc leur General
Espagnol commande d'aller tuer
ou faire tuer le Roy de France, il
le faut necessairement faire. Leur
histoire composee par Pierre Ri-
badenaire Iesuite, imprimee à
Anuers en l'annee 1587. sous le
tiltre *De vita Ignatij*, monstre que
leur institution n'a autre but que
l'auancement des affaires d'Espagne, où ils ont esté receus long-
temps auparauant qu'en aucun
autre lieu du monde. Voicy les
mots de la page 146. *Nam hac so-*
cietas nondum nata in authore suo
Ignatio, primùm probata est in Hispa-
nia, deinde iam edita in lucem, in

Italia Galliáque grauiter oppugnata.
Aussi ne sont-ils à rien plus estroi-
tement obligez qu'à prier Dieu
nuict & jour pour la prosperité
des armes & pour les victoires &
triomphes du Roy d'Espagne.
Voicy les mots de la page 169.
*Dies noctésque Deum nostris placare
atque fatigare precibus debemus, vt
Philippum regem Catholicum incolu-
mem felicißimúmque quàm diutißimè
tueatur: qui pro sua auita atque exi-
mia pietate, summa prudentia, in-
credibili vigilantia, MAXIMA IN-
TER OMNES QVI VNQVAM
FVERVNT REGES POTENTIA,
se murum pro domo Dei opponit, &
Catholicam fidem defendit. Quod quidem præstat non solum ARMIS IN-
VICTIS, & consilijs salutaribus, sed
etiam ijs sacrorum patrum excubijs,
qui fidei Catholicæ senatui præsunt.*
Tellement qu'il ne faut pas trouuer estrange si tant de personnes
d'honneur asseurent les auoir ouy
prier *pro Rege nostro Philippo:* Car

il n'y a Iefuite au monde qui ne
faffe vne fois le jour la mefme prie-
re, mais felon que les affaires d'Efpagne fe portent, au lieu où ils fe
trouuent ils font leurs vœux pour
luy, en public ou en fecret.

Et tout au contraire, il eft notoire à vn chacun qu'ils ne prient
Dieu en façon quelconque pour
noftre Roy, auquel auffi ils n'ont
ferment de fidelité : duquel d'ailleurs ils ne font capables, comme
n'eftant leur corps approuué en
France, & eftans vaffaux liges,
& en tout & par tout obligez tant
à leur General qu'au Pape. Ce qui
decouvre clairement leur conju-
ration, & monftre que leur vœu
va à la fubverfion de l'Eftat. Car
depuis tantoft feize cens ans que
la religion Chreftienne a efté ar-
rofee du fang du fils de Dieu, &
de fes Martyrs, on n'a point ouy
parler de fecte qui ait fait de fem-
blables & fi eftranges vœux.

Tant s'en faut que les Eccle-

ſiaſtiques de France s'en ſoient iamais contaminez, qu'au contraire
toutes les fois que les Papes ſe ſont
engagez iniuſtement auec les ennemis de ceſte Couronne, & ont
voulu employer l'authorité & la
puiſſance qu'ils ont de Dieu pour
l'edification, l'employer (dy ie) à
la deſtruction du plus floriſſant Eſtat de la Chreſtienté, & auquel
ils doiuent leur temporel ; ils ont
trouué de grands & ſaints perſon-
nages, qui d'vn commun conſen-
tement de l'Egliſe Gallicane ont
reſiſté vertueuſement à telles entrepriſes.

Mais ceſte derniere fois, vne
partie des gens d'Egliſe ſe ſont
trouvez avoir ſuccé ce laict em-
poiſoné, & cette doctrine de Ieſuites, que quiconque avoit eſté
eleu Pape, encores que de tout
temps il fuſt recogneu pour pen-
ſionnaire & partizan d'Eſpagne,
& ennemy juré de la France, il
pouvoit neanmoins mettre tout le

Royaume en proye , & delier les sujets de l'obeissance qu'ils doiuent à leur Prince.

Ceste proposition schismatique, damnable & directement contraire à la parole de Dieu, qui a separé de tout le ciel & de toute la terre la puissance spirituelle d'auec les terriennes : Ceste proposition , qui rendroit la Religion Chrestienne aussi contraire à la manutention des Estats & Royaumes , comme en sa verité elle aide à les establir : Ceste proposition (dy-je) ayant pris place dans les esprits de quelques François, a apporté les fureurs, les cruautez , les meurtres & confusions horribles que nous avons veu.

En l'an 1561. Jean Tanquerel Bachelier en Theologie, fut condamné à faire amende honorable, pour auoir osé mettre en ses theses , que le Pape pouuoit excommunier les Rois. En Ianuier 1589. lors qu'on proposa en la Sorbonne,

Leur brigue en Sorbonne.

si on pourroit delier les sujets de l'obeissance du Roy, Faber sindic, le Camus, Chabot, Faber curé de S. Paul, Chauagnac & les plus anciens y resisterent vertueusement : mais le grand nombre des escoliers des Iesuites Bouchér, Pichenat, Varadier, Semelle, Cueilly, Decret, Aubourg, & infinis autres, l'emporterent à la pluralité de voix, contre toutes les maximes de France & libertez de l'Eglise Gallicane, que les Iesuites appellent abus & corrupteles : & voyla les beaux fruicts de leurs leçons en Theologie.

Les Rois de France sont les fils aisnez de l'Eglise, fils qui ont bien merité ce qui se peut, repoussans & reprimans l'audace des Rois de Castille, d'Arragon, d'autres, qui ont voulu entreprendre sur ses droicts. Lors que le Pape recognoistra le Roy pour son fils aisné & premier Roy de la Chrestienté, les François le recognois-

tront pour pere saint : mais tant
que vitric & non pere, partizan
& non mediateur, d'un courage
ennemi il s'efforcera de demembrer la France pour y comman-
der absolument, & de mettre sous
ses pieds les fleurs de Lys, ou de
les attacher en trophee aux armes
d'Espagne, tant diuersifiees,

> *Littora littoribus contraria, flucti-*
> *bus undas*
> *Imprecor, arma armis : pugnent ip-*
> *sique nepotes.*

Ainsi ont vescu nos peres. Du
temps de Loys le Debonnaire,
Gregoire 4. se voulut mesler de
venir excommunier le Roy : l'E-
glise Gallicane luy manda qu'il
s'en retourneroit luy-mesme ex-
communié. Le mesme aduint du
temps de Charles Chauue contre
le Pape Adrian.

Braue & inuincible Eglise Gallicane, tu estois lors remplie de
courages vrayement François,
vrayement Chrestiens, vrayement
reli-

religieux , qui auoyent le principal vœu d'obeïr *per omnia & in
omnibus* aux commandemens de
Dieu tousiours iustes, & non pas
à toutes les insolences & entreprises, que pourroit faire Rome, ou
l'Espagne sur les Gaules : mais
depuis que tes ennemis coniurez
contre ta grandeur , t'ont enuoyé ces nouuelles colonies de
Castillans, ces conuents d'Assassins obligez par vœu solemnel d'o-
beïr à leur general Espagnol comme à Iesus-Christ descendu en terre, & d'aller assassiner les Rois &
les Princes, ou les faire tuer par
d'autres, ausquels ils transmettent
leur rage : Depuis ce temps-la
(dy-ie) où sont ces belles resolu-
tions de l'Eglise Gallicane ?

Comme il se list de quelques enfans iumeaux, que la mort de l'vn
fut la fin de l'autre : de mesme ceste loy, de ne se pouuoir departir
de l'obeissance deüe au Roy, quelque excommunication qui vienne

B

de Rome : ceste loy (dy-ie) est
tellement iointe à l'estat , & l'estat
auec elle, que tout ainsi que le iour
de leur origine est vn , ainsi sera
leur fin. C'est ceste obeissance entiere, parfaite, absoluë qui gagne
les batailles, qui dissipe les ennemis, qui auance le merite & couronne le labeur, sans laquelle rien
ne fleurist, rien ne se peut affer-
mir : C'est le vray lien, *l'ornement
& la force de toutes choses* : NEC *regna socium ferre, nec tædæ sciunt. Si
duo soles sint, omnia incendio peri-
bunt.* Aussi encore que les Primats,
Archeuesques & Euesques ayent
la principale charge de la religion
en France : si est-ce qu'il faut deuant toutes choses qu'ils facent le
serment de fidelité au Roy, tant
s'en faut qu'ils ayent un vœu contraire d'obeir absolument au Pape.

Sainct Loys s'opposa courageuse-
ment & auec aspreté aux bulles
de Rome, comme il se voit par sa

Pragmatique. On ne se fuſt pas
mal vengé à Rome, ſi on euſt peu
eſteindre toute la race de ce bon
& valeureux Roy : à quoy principalement a trauaillé le Cardinal de
Plaiſance (enuoyé en France ſous
le tiltre de Legat) qui a employé
toutes ſes facultez, toutes ſes puiſ-
ſances, & toutes ſes forces pour
ſubuertir la loy Salique, vray Pa-
ladion de la France, & ſans laquelle iamais les fleurs de Lys
ne fuſſent montées en ce haut degré d'honneur & de gloire, qui les
fait encore aujourd'huy reluire
malgré toutes les practiques, toutes les trahiſons, toutes les menées
d'Eſpagne, par deſſus tout ce qu'il
y a de plus ſuperbe & de plus orgueilleux au monde.

Pourſuiuons de voir comment
peuuent demeurer en France ceux
qui ont ce quatrieme & principal
vœu d'obeiſſance abſoluë, *per om-*
nia & in omnibus à leur General
Eſpagnol, & au Pape, commandé.

B ij

& continuellement menacé par le
Roy Philippes qui luy tient le pied
sur la gorge, par le moyen de Naples, & de Sicile, & de ses parti-
zans dans Rome mesme : Au Pape
(dy-ie) qui soustient au chapitre
Ad Apostolica. de sentent. & re iud. in
6. & en l'extrauagant Commu. *v-*
nam sanctam. de maioritate & obed.
subesse Romano Pontifici, omni huma-
næ creaturæ omnino esse de necessitate
salutis. Et à fin qu'il ne semble que
cela se puisse sauuer par la distinction du temporel & du spirituel,
voicy comme nommément & ex-
pressément il se declare chef, su-
perieur & maistre absolu & en spirituel & en temporel de tous les
Rois & Princes de la terre, soustenant qu'il a puissance de les iuger
& destituer. *Vtérque ergo est in potes-*
tate Ecclesiæ, spiritualis scilicet gla-
dius & materialis : sed is quidem pro
Ecclesia, ille vero ab Ecclesia exercen-
dus : ille sacerdotis, is manu regum &
militum, sed ad nutum & patientiam sa-

ſerdotis : oportet autem gladium eſſe ſub gladio, ET TEMPORALEM AVTHORITATEM SPIRITVALI SVBIICI POTESTATI. *Nam veritate teſtante,* SPIRITVALIS POTESTAS TERRENAM POTESTATEM INSTITVERE HABET ET IVDICARE SI BONA NON FVERIT. *Sic de Eccleſia & Eccleſiaſtica poteſtate verificatur vaticinium Hier.mia,* ECCE CONSTITVI TE HODIE SVPER GENTES ET REGNA, *& cætera quæ ſequuntur. Ergo ſi deuiat terrena poteſtas, iudicabitur à poteſtate ſpirituali: ſed ſi deuiat ſpiritualis, minor à ſuo ſuperiori: ſi vero ſuprema, à ſolo Deo, non ab homine poterit iudicari: teſtante Apoſtolo, Spiritualis homo iudicat omnia, ipſe autem à nemine iudicatur.*

Si ces propoſitions ne ſont erronées & ſchiſmatiques, que s'enſuit-il ſinon que nous tous qui obéïſſons au Roy ſommes excommuniez, que la France eſt toute

en interdiction, est maudite, & la
proye de Satan ? Mais comment
est-ce que nos ancestres, *quorum
virtus etiam hodie vitia nostra susten-
tat*, se sont comportez en tels
accidens, & en telles rencontres ?
Philippes le Bel manda à Boniface
huitieme qu'il n'auoit puissance
quelconque sur les Rois de France, & que ceux qui disoient le
contraire estoient des sots & des
acariastres. Lisez Belarmini, es-
coutez tous les Sermons, toutes les
Confessions des Iesuites, ils mettent au profond de l'Enfer telles
propositions auec le Roy Philippe
le Bel, & tous ceux qui bruslerent
publiquement en l'assemblée des
Estats de ceste ville de Paris, la
bulle de Boniface, declarant le sie-
ge de Rome vacquant. Ce Belarmini Iesuite, soustient que les Papes ont puissance de destituer les
Rois & les Princes de la terre, alleguant pour raison, des attentats
& entreprises tyranniques.

Tom. 1.
Contr.
3. lib.
5. c. 9.

Le Pape Benoiſt trezieme voulut imiter Boniface, mais ſa bulle
contenant vn libelle diffamatoire
contre l'authorité du Roy Charles
ſixieme, fut publiquement lace-
rée, & ceux qui l'auoient portée
firent amende honorable, & furent menez dans des tumbereaux.

Loys XII. ſurnommé Pere du
peuple a eſté autant hay à Rome,
comme aimé en France: il auoit
donné à Iules ſecond pluſieurs villes d'Italie : pour recognoiſſance
Iules ſuſcita contre luy les Eſpagnols, Allemans, Suiſſes & An-
glois: mais l'an 1510. le Roy fiſt
aſſembler un Concile à Tours, où
il fut arreſté qu'il le falloit chaſ-
tier par armes, ce qui fut confir-
mé par vn autre tenu à Piſe. A cauſe dequoy le Pape entrepriſt d'excommunier le Roy & le Royaume,
donnant abſolution de tous pechez
à ceux qui auroient tué vn François : *Alijs igitur fines adjicitis, a-*
lijs agris mulctatis, alijs vectigal

B iiij

imponitis, regna augetis, minuitis, donatis, adimitis : Qui est-ce qui vous a donné ceste puissance ? Car quand à Dieu, il vous a dit que vostre regne n'estoit pas de ce monde.

Ceste grande excommunication ne put faire breche à la France, mais elle porta coup sur le Royaume de Nauarre, qui nous estoit allié, où les sujets n'estoient si affermis contre telles entreprises : & s'empara Ferdinand Roy d'Arragon de la meilleure partie de l'estat de Nauarre, pendant que Iean d'Albret bisayeul du Roy regnant, estoit en l'armée Françoise :

Exoriare aliquis nostris ex ossibus vltor.

Et en cest endroit ie suis contraint de dire vn mot de l'origine des Iesuites, mais fort briefuement, par ce que ma cause m'appelle ailleurs.

Origine des Iesuites.

L'an 1521. les François voulurent rendre l'heritage à celuy qui

l'auoit perdu à leur occafion : ils
affiegerent Pampelune, & la batti-
rent ſi furieuſement qu'ils l'emporterent. Ignace Layola com-
mandant à l'vne des compagnies
de la garniſon Caſtillane, opiniaſ-
tra le plus la defenſe, & y eut les
iambes rompues. Cela le tira de
ſon meſtier de la guerre, mais
ayant voué vne haine irreconci-
liable contre les François, non
moindre que celle d'Annibal contre les Romains : auec l'aide du
malin eſprit, il couua cette maudite coniuration de Ieſuites, qui
a cauſé tant & tant de ruine à la
France.

La Nature prouide a rendu les
animaux farouches & meurtriers
peu feconds : la Lyonne n'en porte
qu'vn, & vne fois en la vie : s'ils
eſtoient auſſi fertiles comme les
autres, le monde ne ſe pourroit
habiter. Mais c'eſt vne choſe eſtrange comment ceſte mechante
race engendrée à la ruine & deſo-

B v

lation des hommes, a foifonné en peu d'années, ayant de foixante qu'ils deuoient eftre par leur premiere inftitution, multiplié à dix mil : tellement que s'ils continuoient de croiftre en mefme proportion, ils feroient dans trente ans plus de douze cens mil, & feroient des Royaumes tous Iefuites.

Ils ne font pas venus en France à enfeignes defployées, ils euffent efté auffi-toft etouffez que naiz : mais ils font venus fe loger en nôtre Vniuerfité en petites chambretes, où ayant long-temps renardé & efpié, ils ont eu des addreffes de Rome, & des lettres de recomdation tres-eftroites à ceux qui eftoient grands & fauorifez en France, & qui uouloient auoir credit & honneur dans Rome (& telles fortes de gens ont toufiours efté fort à craindre pour les affaires de ce Royaume.) Par ce moyen donc s'eftant peu à peu infinuez, &

ayant enfin eu pour Prefidens &
iuges leurs Mecenas Cardinaux de
Tournon & de Lorraine, ils firent
figner à deux, fans ouyr l'Vniuerfité, vn aduis à Poiffy, que leur
College (reprouué plufieurs fois
auparauant) feroit receu & leur
religion chaffée , & qu'ils quitte-
roient leur nom.

Ils ne vouloient que cefte en-
trée, s'affurans que petit à petit,
& fenfim fine fenfu ils feroient vn fi
grand nombre d'ames Iefuites par
leurs confeffions, leurs fermons &
inftructions de la jeuneffe, qu'à la
fin non feulement ils auroient tout
ce qu'ils defiroient , mais ruine-
roient leurs aduerfaires & com-
manderoient fuperbement à l'Eftat. Ce qu'ils ont executé au veu
d'un chacun depuis le iour des
Barricades , iufques à l'heureufe
reduction de cefte ville de Paris à
l'obeiffance de fa Majefté.

Quelle langue, quelle voix pourroit suffire, pour exprimer les conseils secrets, les coniurations plus horribles que celles des Bacchanales, plus dangereuses que celles de Catilina, qui ont esté tenues dans leur College rue S. Iacques & dans leur Eglise rue S. Antoine ? Où est-ce que les Ambassadeurs & agents d'Espagne Mandosse, Daguillon, Diego Diuarra, Taxis, Feria, & autres, ont fait leurs assemblées les plus secrettes, sinon dans les Iesuites ? Où est-ce que Louchard, Ameline, Crucé, Cromé, & semblables renommez voleurs & meurtriers ont basty leurs conjurations, sinon dans les Iesuites ? Qui fist ceste response sanglante contre l'apologie Catholique sinon les Iesuites, qui employerent toutes leurs estudes pour dire contre la personne & les droits de sa Majesté regnante, ce qui se peut excogiter de faux & de calomnieux au monde ? Qui sont ceux, qui dès l'an 1585. ne

vouloient point bailler abfolution
aux Gentils-hommes, s'ils ne pro-
mettoient de fe liguer contre leur
Roy tres-Catholique, & auquel
ils ne pouuoient rien obiecter, finon qu'il ne s'eftoit pas laiffé mourir fi-toft que leurs magiciens a-
uoient predit ? Qui fift perdre Pe-
rigueux, finon les Iefuites qui al-
lerent faire vne fedition iufques
dans l'Hoftel de Ville ? Qui caufa
la reuolte de Rhennes, laquelle ne
dura que huict iours, & qui im-
portoit de toute la Bretagne, finon
les Sermons des Iefuites, ainfi
qu'eux-mefmes le firent imprimer
en cefte Ville ? Qui a fait perdre
Agen, Tholoufe, Verdun, & ge-
neralement toutes les Villes où ils
ont pris pied, Bordeaux excepté,
où ils furent preuenus, & Neuers,
où la prefence de Monfieur de Neuers, & la foibleffe des murailles
fift perdre le courage à ceux qu'ils
auoient enuenimez ?

Où eft-ce que ces deux Cardinaux qui se disoient Legats en France assembloient leurs conseils sinon dans les Iesuites ? Où est-ce que l'Ambassadeur d'Espagne Mandosse, le iour de la Toussaincts 1589. le Roy ayant forcé les faux-bourgs, alla tenir le conseil des seize , sinon dans le College des Iesuites ? Où est-ce que l'année ensuiuant la resolution fut prinse de faire plustost mourir de famine les neuf dixiemes parties des habitans de Paris, que de rendre la ville au Roy ? Qui est-ce qui presta du vin, des bleds & des auoynes sous le gaige des bagues de la Couronne, sinon les Iesuites , qui en furent encores trouuez saisis par Lugoly, le lendemain que le Roy fut entré en ceste ville ? Qui a presidé au conseil des seize voleurs, sinon Comolet , Bernard , & pere Odo Pichenat, le plus cruel tygre qui fust dans Paris , & qui receut vn tel creuecœur de voir les affaires aller autrement qu'il ne s'estoit

promis, qu'il en eſt devenu enra-
gé, eſt encores auiourd'huy lié
dans leur College de Bourges ?
Vn ancien diſoit que ſi on pouuoit
regarder dans les eſprits des me-
chans, on y verroit *laniatus & ictus :
quando vt corpora vulneribus, ita ſæ-
vitia, libidine & malis conſilys ani-
mus dilaceratur.*

Lors que le Roy Philippes ayant
fait entrer par les perſuaſions des
Ieſuites, ſa garniſon Eſpagnole
dans Paris, voulut auoir vn tiltre
coloré de ce qu'il tenoit deſia par
force : qui y enuoya-il, ſinon pere
Matthieu Ieſuite, portant vn nom
ſemblable au ſurnom de l'autre
Matthieu Ieſuite, principal inſtru-
ment de la ligue en l'année 1585 ?
Ce Matthieu en peu de iours qu'il
demeura en ceſte ville, logé dans
le College des Ieſuites y fiſt eſcri-
re & ſigner la lettre, par laquelle
ceux qui ſe diſoient les gens tenans
le conſeil des ſeize quartiers de la

ville de Paris, donnoient non seulement la ville, mais tout le Royaume au Roy Philippes. Ce qui se cognoistra mieux par la lecture de la lettre, que tout autre discours.

SIRE, *Voftre Catholique maifté nous ayant efté tant benigne, que de nous auoir fait entendre par le tres-religieux & reuerend pere Matthieu, non feulement fes faintes intentions au bien general de la religion, mais particulierement fes bonnes affections & faueurs enuers cefte cité de Paris. Et apres, Nous efperons en Dieu qu'en bref les armes de fa Saincteté, & de voftre Catholique maiefté iointes, nous deliureront des oppreffions de noftre ennemy, lequel nous a iufques à prefent, & depuis vn an & demy, bloquez de toutes parts, fans que rien puiffe entrer en cefte cité qu'auec hazard, ou par la force des armes : & s'efforceroit de paffer oultre, s'il ne redoutoit les garnifons qu'il a pleu à voftre Catholique maifté nous ordonner. Nous pouuons certainement affeurer à voftre Ca.hli-*

que maiesté, que les vœux & souhaits de
tous les Catholiques sont, DE VOIR
VOSTRE CATHOLIQVE
MAIESTE' · TENIR LE
SCEPTRE DE CESTE cou-
ronne & regner sur nous, comme nous
nous iettons tres volontiers entre ses
bras, ainsi que de nostre pere, ou bien
qu'elle y en establisse quelqu'un de
sa posterité : que si elle veut nous
en donner un autre qu'elle mesme,
il luy soit agreable qu'elle se choisisse
un gendre, lequel auec toutes les
meillenres affections, toute la deuotion & obeissance que peut apporter un bon & fidele peuple, nous
receurons Roy. Car nous esperons tant
de la benediction de Dieu sur ceste
alliance, que ce que iadis nous auons
receu de ceste tres grande & tres-
Chrestienne princesse Blanche de Castille, mere de nostre tres Crestien
& tres Religieux Roy S. Loys, nous
le receurons, voire au double de ceste grande & vertueuse Princesse
fille de vostre Catholique maiesté.

laquelle par ses rares vertus arres-
te tous yeux à son obiet : y res-
plendissans le sang de France &
d'Espagne, pour en alliance perpe-
tuelle fraterniser ces deux grandes
Monarchies sous leur regne, à l'a-
uancement de la gloire de nostre
Seigneur Iesus-Christ, splendeur de
son Eglise, & union de tous les habitans de la terre, sous les enseignes
du Christianisme : Comme vostre Catholique maiesté, auec tant de signa-
lées & triomphantes victoires, sous
la faueur diuine, & par ses armes
a fait de tres grands progrez &
auancemens, lesquels nous supplions
Dieu, qui est le Seigneur des batailles, continuer auec telle ac-
complissement, que l'œuure en soit
bien-tost accomplie, & pour ce
faire, prolonger à uostre Catholique maiesté en parfaite santé la uie
tres heureuse, comblée de victoire
& triomphe de tous ses ennemis :
de Paris ce 2. Novembre 1591.
Et plus bas à costé, le Reue-

rend pere Matthieu preſent por-
teur, lequel nous a beaucoup edi-
fiez, bien inſtruit de nos affaires,
ſuppléera au deffaut de nos lettres
enuers voſtre Catholique maieſté,
laquelle nous ſupplions bien humble-
ment adiouſter foy à ce qu'il luy en
rapportera.

La datte de ceſte lettre eſt infiniment conſiderable; car elle eſt
du ſecond Nouembre 1591. & trei-
ze jours apres ceux qui l'auoient
eſcrite, & qui auoient entendu par
pere Matthieu les intentions du
Roy Philippes: Ceux (dy-ie) qui
ne bougeoient des Ieſuites, & qui
n'alloient en confeſſion nulle part
ailleurs, executerent ceſte grande
& horrible cruauté, bourrelant à
l'Eſpagnol, & ſans forme ne figure de procez, celui, lequel comme chef de leur iuſtice, ils reue-
roient le iour auparauant: ſe pro-
mettant les Eſpagnols, Ieſuites,
& ſeize volleurs, ou pluſtoſt ſeize

bourreaux & leurs adherans, que ce spectacle tragique & hideux qu'ils presentoient au peuple en pleine Greue, l'animeroit & enflammeroit à se baigner dans le sang de tous les gens de bien, qui ne pouuoient gouster la tyrannie Espagnole. Mais Dieu, qui a en horreur telles & si execrables entreprises, en ordonna autrement, & fist que ce iour effroyable qu'ils pensoient estre l'establissement asseuré du commandement Espagnol dans Paris, en fut la ruine, *tunc Troia capta est*. Les plus endormis & assoupis commencerent à se reueiller : les plus timides à changer leur crainte en desespoir : & les plus enforcelez par les sermons des Iesuites, à cognoistre que l'Empire Castillan, qu'on leur auoit depeint remply de douceur, d'heur & de felicité, estoit le comble de ce qui est de plus cruel & de plus redoutable au monde.

Ceste lettre escrite au Roy d'Es-

pagne, furprife pres de Lyon par
le fieur de Chaferon, & enuoyée
au Roy (de laquelle l'original fut
veu , & fe voit encores chacun
iour) fift clairement cognoiftre
que le but que les Iefuites , & autres traiftres à la France , s'eftoient
proposé durant toutes ces guerres,
eftoit de faire le Roy d'Efpagne
Monarque de toute la Chreftien-
té. Le commun prouerbe de ces
hypocrites eft, VN DIEV, VN
PAPE, ET VN ROY DE LA
CHRESTIENTE' , le grand
Roy Catholique & vniuerfel. Toutes leurs pensées, tous leurs deffeins,
toutes leurs actions, tous leurs fermons, toutes leurs confeffions n'ont
autre visée que d'affuiettir toute
l'Europe à la domination Efpagnole. Et d'autant qu'ils ne voyent au-
cune plus forte digue, que l'Empire François qui empefche cefte
grande inondation, ils ne trauail-
lent à rien autre chofe qu'à le dif-
fiper , demembrer & perdre par

toutes fortes de feditions, diui-
fions & guerres ciuiles qu'ils y
allument continuellement, s'effor-
çans fur tout d'efteindre la maifon
Royale, qu'ils voyent reduite à
peu de Princes. Et de faict, qui
eft-ce qui pour rendre execrable
& abominable à tous les François
la race de monfieur le Prince de
Condé Loys de Bourbon, en laquelle confifte la plus grande partie de meffieurs les Princes du
fang, a publié entre nous qu'il fe
fuft fait couronner Roy de France, fi non les Iefuites, qui ont
efté fi impudens & fi effrontez,
que d'efcrire en la vie d'Ignace
page 162. vne chofe fi notoirement
faulfe, & d'adioufter que M. le
Prince auoit fait battre de la mon-
noye d'or, en laquelle eftoit cefte
infcription, *Ludouicus* X I I I. *Dei
gratia Francorum Rex primus Chriftia-
nus? Quæ infcriptio arrogantiffima eft
(dient-ils) & in omnes Chriftianif-
fimos Franciæ reges iniuriofa.* Ils ne

Impo-
fture
contre
mef-
fieurs
lesPrin-
ces du
fang.

dient pas *effet* , comme d'vne chofe douteufe , mais *eft* , comme d'v-
ne chofe certaine.

Vous Princes genereux , en-
fans d'un tel Pere , comment eft ce
que vous n'eftranglez de vos pro-
pres mains ces impofteurs , qui vous
veulent mettre fur le front la plus
laide & la plus honteufe tache qui
fe puiffe imaginer au monde ?

Mais à quoy eft-ce que ie m'arrefte ? A des calomnies contre les
morts. Hé ils ont voulu maffacrer
les viuans ! Ne fuft-ce pas dans le
College des Iefuites à Lyon, & encores dans celuy des Iefuites à Paris , que la derniere refolution fut
prife d'affaffiner le Roy au mois
d'Aouft 1593. La depofition de Barriere executé à Melun , n'eft-elle
pas toute notoire , & n'a-elle pas
fait trembler & treffaillir tous
ceux , qui ont le cœur vrayment
François, tous ceux qui n'ont point

basty leurs desseins & leurs esperances sur la mort du Roy? Ne fust-
ce pas Varade Principal des Iesuites, choisi tel par eux, comme le
plus homme de bien & le meilleur
Iesuite, qui exhorta & encoura-
gea ce meurtrier, l'assurant qu'il
ne pouuoit faire œuure au monde
plus meritoire que de tuer le Roy,
encores qu'il fust Catholique, &
qu'il iroit droit en Paradis? Et pour
le confirmer dauantage en ceste
malheureuse resolution, ne le fist-
il pas confesser par vn autre Iesuite, duquel on n'a peu sçauoir le
nom, & qui est par auenture encores en ceste Ville, espiant de semblables occasions? Quoy plus? ces
impies & execrables Assassins ne
communierent-ils pas encores ce
Barriere, employans le plus sainct,
le plus precieux & le plus sacré
mystere de la religion Chrestienne, pour faire massacrer le premier Roy de la Chrestienté? *O
quam maluissent patrati, quam in-
coepti*

cæpti facinoris rei eſſe !

Boutique de Satan, où ſe font forgez tous les aſſaſſinats qui ont eſté executez ou attentez en l'Europe depuis quarante ans, vrais ſucceſſeurs des Arſacides ou Aſſaſſins, qui tuerent le Comte Raimond de Tripoli, le Marquis de Monferrad Conrard, Edouart fils du Roy d'Angleterre, & pluſieurs autres grands Princes. Auſſi leur Roy qu'ils adoroient (comme les Ieſuites font leur General touſiours Eſpagnol) faiſoit porter deuant luy vne hache d'armes, pleine de couſteaux trenchans des deux coſtez, & crioit celuy qui la portoit : Tournez-vous arriere, fuyez deuant celuy qui tient entre ſes mains la mort des Rois.

Il a eſté pris depuis peu vn Ieſuite Aſſaſſin en Flandres, qui a depoſé à la mort, qu'il y en auoit vn autre enuoyé d'Eſpagne pour tuer le Roy. Hé ! que ſçauons-nous s'il eſt maintenant dans le Colle-

ge des Iefuites, attendant fon occafion , & que le Roy s'approche
d'icy ? Car pour monftrer que les
Iefuites ne peuuent defaduouer
leurs compagnons de telles entre-
prifes, & que le haut poinct de leur
honneur confifte à executer tels
affaffinats, appellans martyrs ceux
qui y ont refpandu leur vie, il y a
plus de trois mil perfonnes qui fçauent , que Comolet prefchant à
Noel dernier, dans l'Eglife fainct
Barthelemy, prift pour fon theme
le troifieme chapitre des Iuges,
où il eft parlé d'vn Aod , qui tua
le Roy Moab, & fe fauua. Et apres
auoir fait mille difcours fur la
mort du feu Roy, & exalté & mis
entre les Anges ce meurtrier, ce
tygre , ce diable incarné de Iacques Clement, il commença à faire une grande exclamation , IL
NOVS FAVT VN AOD, IL
NOVS FAVT VN AOD, *fuft-
il moine , fuft-il foldat , fuft-il gou-
jat, fuft-il berger, n'importe de rien:*

Mais il nous faut vn AOD ; il ne faut plus que ce coup pour mettre nos affaires au poinct que nous pouuons defirer.

Voyez Messieurs , considerez deux & trois fois , considerez iufques à quel degré noftre ftupidité, ou pluftoft noftre lafcheté (pardonnez-moy fi ie parle ainfi , vne iufte douleur m'emporte) a fait monter l'audace , l'infolence, la temerité , l'impudence de tels traiftres , de tels efpions d'Efpagne, de tels meurtriers, d'ofer employer la chaire de Dieu à crier qu'il faut tuer les Rois. C'eft leur pure doctrine , Allin Principal du College du Seminaire à Rheims, en a fait vn Livre exprès. Et à ce propos, quand Guillaume Parry fut executé , il declara que *Beneditto Palmio* Iefuite, lui auoit fait entendre qu'il eftoit permis de tuer & affaffiner tous les Rois & Princes excommuniez par le Pape. Dequoy ayant depuis communiqué auec vn

C ij

docte Preſtre nommé Vates, il luy
diſt que ceſte propoſition eſtoit
faulſe , & qu'il ſeroit damné : &
en ceſte incertitude Parry s'alla
confeſſer à Annibal Codreto Ieſuite , demeurant à Paris (qui eſt
celuy qui en vn liure imprimé à
Lyon, a eſcrit que leur Societé a-
uoit pris ſon nom de ce que Dieu
les auoit donnez pour compagnons
à ſon fils Ieſus-Chriſt , & qu'il les
auoit acceptez pour ſes compagnons.) Ce Codret luy diſt qu'il
faloit que Vates fuſt vn heretique, l'aſſeurant qu'il ne pouuoit
faire vn œuure plus meritoire , &
que les Anges le porteroient au
Ciel.

Vous Rois & Princes de la terre, vous n'eſtes plus aſſurez au dedans de vos palais & au milieu de
vos gardes , ſi ceſte propoſition
diabolique, vomie du plus profond
de l'Enfer , ſe coule dans les eſprits du peuple comme les Ieſuites
la luy inculquent continuellement

par leurs maudites confeſſions, à
quoy auſſi ils ſont obligez par leurs
reigles, *Tyrannos aggredientur, tollium*
ab agro dominico cuellent. Ils ont en
leurs bulles & ſtatuts vn article
qui ne tend à autre fin. Sans attendre aucun an de probation, ils
reçoiuent ceux qui ſe preſentent à
faire leurs vœux, apres leſquels,
encores que ſimples, celuy qui a
dit le mot eſt irreuocablement obli-
gé à leur General : & neantmoins
le Geñeral le peut chaſſer, quand
il luy plaiſt, iuſques à ce qu'il ſoit
profez : ce qui n'aduient quelquefois que vingt-cinq & trente ans
apres. Pourquoy cela ſi eſtrange,
ſi extraordinaire, ſi inique, que ce
contract ne ſoit point reciproque ?
Afin qu'ayant tenu vn homme
quelquefois vingt-cinq ans auec
eux, s'il luy vient des ſucceſſions,
ils les prennent : & que s'il ne luy
vient rien, ils le puiſſent chaſſer,
s'il n'entreprend d'executer tout
ce qu'ils voudront. Tellement que

celuy qui aura confumé auec eux
toute fa ieuneffe , fe voyant d'vn
cofté reduit à l'aumofne , & de
l'autre des promeffes d'vn Paradis
affuré , fe refoudra facilement à
eftre luy-mefme tueur , ou exhor-
ter, confeffer & communier tous
les parricides qui fe prefente-
ront.

Toutes les fois que ie me remets
deuant les yeux, en quelle extremité de miferes & nous tous en particulier, & l'eftat de la France en
general , fe fuft trouué fi cet affaffinat fi dextrement perfuadé, fi
viuement empreint par Varade
Principal des Iefuites à Barriere,
euft efté executé ; la feruitude horrible en laquelle feroit maintenant la France ; l'infolence & les
trionfes des Efpagnols , & l'eftat
deplorable de cefte grande ville ,
en laquelle commanderoit fuperbement l'Infante de Caftille : il
faut que ie confeffe que la colere
& la iufte indignation me font for-

tir hors de moy , de voir qu'encores ces traiſtres , ces ſcelerats ,
ces Aſſaſſins , meurtriers des Rois,
ces confeſſeurs publics de tels parricides , ſont entre nous , ils viuent, ils hument l'air de la France : comment ils viuent ? ils ſont
dans les Palais , ils ſont careſſez,
ils ſont ſouſtenus , ils ſont des ligues , des factions , des alliances
& aſſociations toutes nouuelles.
Quoy ! hé ſi Dieu permet qu'vn de
ces iours quelque Ieſuite , ou autre par eux perſuadé ſoit appre-
hendé comme celuy de Melun ,
penſez - vous tant que vous eſtes
qui les ſupportez en vos diſcours,
où vous faites les prudens , les conſiderez, les ſages , en vn mot les
Eſpagnols, penſez - vous , dy- ie ,
eſtre en ſeureté parmy nous ? Non
non , en toute autre choſe on ne
peut apporter trop de modeſtie &
de retenuë : mais où il y va de la
vie, du ſalut & de la conſeruation
tion de ceſte perſonne ſi ſacrée, ſi

neceſſaire à la France , ſans laquelle c'eſtoit fait de l'Eſtat , il eſtoit
couuert de perpetuelles tenebres,
& fuſt maintenant l'vne des Prouinces d'Eſpagne : en cela (dy-ie)
on ne peut apporter trop d'ardeur:
qui y eſt froid, qui y eſt modeſte,
il eſt traiſtre : la vertu en telles
matieres conſiſte en l'excès , non
point d'affection ſeulement, mais
de paſſion : *Quantalibet vis omnium*
gentium conſpiret in nos , impleat ar-
mis viriſque totum orbem , claſſibus
maria conſternat , inuſitatas belluas
inducat , tu nos præſtabis inuictos ,
rex inuictiſſime : ſed quis hoc Galliæ
columen ac ſidus diuturnum fore polli-
ceri poteſt ? ſi ceux qui ont entrepriſe continuelle ſur ſa vie, ceux qui
reçoiuent les Aſſaſſins enuoyez de
Lyon , pendant qu'elle eſtoit re-
belle , & maintenant d'Eſpagne :
ceux (dy-ie) qui deſeſperent les
religieux , aigriſſent continuellement le peuple contre ſa Maieſté,
ſont maintenus & conſeruez en ſon
eſtat ?

Mais ils enseignent la ieunesse : à quoy faire ? à desirer & souhaitter la mort de leurs Rois. Tant s'en faut que la peine des crimes des Iesuites doiue estre adoucie par la consideration de l'instruction des enfans, qu'au contraire c'est ce qui la doit aggrauer & augmenter infiniment. Car c'est ceste belle institution de la ieunesse ; ce sont ces malheureuses propositions qu'ils mettent dans leur esprit tendre, sous pretexte de les instruire aux lettres (*vt venena non dantur, nisi melle circumlita : & vitia non decipiunt, nisi sub specie vmbráque virtutum :*) Ce sont ces confessions hardies (où sans tesmoins ils imbuent leurs escoliers de la teinture de rebellion contre leur Prince & ses Magistrats) qui ont remply tant de places & tant de dignitez d'ames Espagnoles ennemies du Roy & de son estat.

— Puerorum infantia primos
Errorem cum lacte bibit —

C v

Quelques-vns de leurs Escoliers
ont reietté leurs persuasions : &
ceux-là les haïssent plus mille fois
que ceux qui ne les cognoissent
pas. Mais pour vn qui y a resisté,
cent ont esté corrompus.

Nous lisons dans le 52. de Dion
que Mæcenas remonstroit à Auguste, qu'il n'auoit aucun moyen
plus propre pour s'establir vn repos & aux siens, que de faire instruire la noblesse Romaine aux
lettres, par ceux qui aimoient la
Monarchie. Car en peu de temps
le monde se renouuelle, & ceste
ieunesse est incontinent montée aux
grandes charges. De mesme rien
ne peut estre plus dangereux que
de faire instruire nos enfans par
ces espions d'Espagne, qui haïssent
sur toutes choses la grandeur de
la monarchie Françoise.

Rien n'est si aisé que d'imprimer en ces esprits foibles telle affection qu'on veut : rien plus dif-
ficile que de l'en arracher : *Altius*

enim præcepta descendunt, quæ tene-
ris animis imprimuntur. Ce n'estoit
pas la riuiere d'Eurotas qui faisoit
les hommes belliqueux, mais bien
la bonne institution de Lycurgue.
Ce n'est pas la riuiere de Seine, ou
la Garonne qui a fait tant de mauuais François : mais les Colleges
des Iesuites à Paris, Tholoze, &
Bordeaux. Depuis que tels Escco-
liers sont entrez aux charges, *ma-*
iorum mores non paulatim vt antea,
sed torrenti modo præcipitati sunt.

La religion Chrestienne a toutes les marques d'extreme iustice
& vtilité, mais nulle si apparente
que l'exacte recommandation de
l'obeissance des Magistrats, & manutention des polices : & ces gens
icy qui se dient de la Societé de
Iesus, n'ont autre but que de ren-
uerser toutes les puissances legiti-
mes, pour establir la tyrannie d'Espagne en tous endroits : & à cela
forment les esprits de la ieunesse,
qu'on leur pense donner pour in-

C vj

struire aux lettres, en la religion,
& en la pieté :

Pro superi! Quantum mortalia pectora cæcæ

Noctis habent! Ipso sceleris molimine Tereus

Creditur esse pius, laudemque à crimine sumit.

Les Carthaginiens immoloient leurs propres enfans à Saturne, estans contraints les pere & mere d'assister à ce sacrifice, auec vne contenance gaye. C'est vne chose estrange que nous auons veu le temps, auquel celuy qui ne faisoit estudier ses enfans sous les Iesuites n'estoit pas estimé bon Catholique, & que ceux qui auoient esté dans ce College auoient leur passe-par-tout : il ne falloit quasi point informer de leur vie. Tellement que les peres s'accommodans à la saison, estoient contraints de perdre leurs enfans, qui estoient ou charmez, ou bien souuent du tout volez, sils les trouuoient à leur gré. Dequoy il n'y a que trop d'exemples deplorables, affez cogneus à vn chacun, & des plaintes publiques qui en font laiffées à la pofterité contre ces plagieres cruels qui feparent les enfans d'auec les peres : & fouuent derobent tout l'appuy & le fouftien d'vne maifon : comme au Lieutenant criminel d'Angers Airault, qui eft chargé de huit petits enfans en fa vieilleffe, & a efté volé par les Iefuites de fon fils aifné, qui pourroit maintenant entrer en fa charge, & feruir de pere à fes freres & fœurs tous ieunes. Ils le luy ont fouftrait dès l'âge de quatorze ans, & le tiennent en Italie & en Efpagne, fans que iamais il en ait peu fçauoir aucunes nouuelles, quelques monitions & cenfures Ecclefiaftiques qu'il ait fait ietter contre eux : defquels ils fe mocquent fe contentans d'vne abfolution enuoyée par leur General Efpagnol.

Cependant quand Airault viendra à mourir, les Iesuites deman-
deront droict d'ainesse en son bien :
car iamais ils ne font faire vœu de
pauureté, que toute esperance de
succession ne soit hors : & deuant
que faire la profession ils donnent
leur bien au College : ainsi rien
n'en sort, tout y entre, *& ab intestat,*
& par les testamens qu'ils captent
chacun iour, mettans d'vn costé
l'effroy de l'Enfer en ces esprits
proches de la mort, & de l'autre leur
proposans le Paradis ouuert à ceux
qui donnent à la Societé de Iesus :
comme fit Maldonat au Président
de Montbrun S. André, tirant de
luy tous ses meubles & acquests
par vne confession pleine d'auarice
& d'imposture, de laquelle monsieur de Pibrac appella comme d'a-
bus en pleine audience. On sçait
le testament qu'ils firent faire au
Président Gondran de Dijon, par
lequel il donna demy escu à sa sœur
qui estoit son vnique heritiere, &

sept mil liures de rente aux Iesuites. On sçait comme ils ont volé
la maison des Bollons, qui estoit
l'vne des plus riches de Bordeaux.
Et tout recentement comme ils ont
eu pour le droit d'ainesse en la
maison de monsieur le Président
de Large-bafton, la terre de Faiol-
les, qu'ils ont vendue douze mil
escus, & enuoyé l'argent en Espagne, pour estre mis en leur thre-
sor. Car ils ne gardent en France
que l'immeuble qui leur est legué,
sans le pouuoir aliener.

On sçait encore tout notoirement comme ils ont volé le frere
vnique du sieur Marquis de Ca-
nillac, qui a dès maintenant huit
mil liures de rente, & qui est subf-
titué à plus de quarante cinq mil; &
se garderont bien de luy faire faire vœu de pauvreté, tant qu'ils auront esperance de la succession de
son frere aisné, qui n'est point ma-
rié, & qui expose chacun iour sa
vie aux périls de la guerre pour le

seruice du Roy, qui l'a honoré de
sa Lieutenance en Auuergne. Et
ne faut point douter qu'aduenant
faute de luy, selon les iugemens
qu'ils ont obtenus iusques icy, ils
ne se trouuassent Marquis de Ca-
nillac, ruinans ceste maison, l'v-
ne des plus grandes, plus riches &
plus illustres de l'Aquitaine.

On a tousiours accusé nostre nation du défaut de prudence. Quant
à la iustice, à la liberalité, à la valeur & au courage nous en auons
assez, uoire trop : de prudence
trop peu. Quelle supinité est-ce
que ces gens icy, sous pretexte de
mespriser deux sols de porte, &
quelque lendit, ayent acquis en
trente ans deux cens mil liures de
rente ?

Eia age nobiscum sic quæso pacisce-
re, triplex
Accipias pretium, legatáque cuncta
relinquas,
Abstínásque manus aliens, & mu-
nera tumnas :

Sed pietas iam nota tua est, ani-
musque benignus,
Magna petis, qui parua fugis.

En noftre Vniuerfité on n'a iamais rien defiré des pauures, mais
fi vn enfant de bonne maifon donne quatre ou cinq efcus à celuy qui
l'a inftruit toute vne année, cela
peut-il eftre trouué mauuais ?
N'eft-il pas raifonnable, que ceux
qui ont confumé leur âge aux lettres ayent quelque chofe, *vnde to-*
ga niteat ! Dénier cela, tant s'en
faut que ce foit foulager la pauureté, qu'au contraire c'eft l'abyf-
mer. Vn pauure ieune homme
trouuoit moyen de fe couler auec
les riches iufques à 20. ou 22. ans,
& lors commençoit à gaigner quelque chofe : ce qui faifoit eftu-
dier tous les ans mille perfonnes.
Mais depuis que les Iefuites ont
attiré à eux les Efcoliers on a perdu tout courage : *Sublatis ftudiorum*
præmijs ftudia periernt. Tous les plus
grans & excellens perfonages de

l'antiquité ont estimé que la recompense de ceux qui instruisoient la ieunesse estoit raisonnable, & outre la raison, la necessité y est : *super omnibus negotijs melius atque rectius olim prouisum, & quæ conuertuntur, in deterius mutantur.*

Et neanmoins ces gens icy imitans les fins empoisonneurs qui ne iettent iamais vn gros morceau de poison, mais l'incorporent subtilement auec quelque viande friande & delicate, n'ont trouué moyen si propre pour attirer les Escoliers que ceste abolition de lendits. Car la ieunesse debauchée aime beaucoup mieux despendre *in locis ædiles metuentibus*, l'argent que leurs peres leurs enuoyent à cest effect, que de le bailler à vn Regent, qui toute l'année aura trauaillé pour eux.

Tout cela seroit peu, sans les charmes & les sorts qu'ils iettent sur la ieunesse. Mais tout ainsi que les Romains auoient si grand soin

de faire inſtruire la Nobleſſe Gau-
loiſe à Authun, où ils les nourriſ-
ſoient en vne bien-veillance enuers
leur Empire, & en une oublian-
ce de l'ancienne liberté des Gaules ; de meſmes le tyran d'Eſpagne
a les Ieſuites diſpoſez par la France, pour planter l'amour de ſon
nom & de ſa domination dans les
eſprits tendres de nos enfans : *Se-*
mina in corporibus humanis diuina
diſperſa ſunt, quæ ſi bonus cultor exci-
pit, ſimilia originis prodeunt : ſin ma-
lus, non aliter quàm humus ſterilis
ac paluſtris necat, & deinde creat pur-
gamenta pro frugibus : Et quelque
peine qu'on puiſſe prendre après
pour arracher telles opinions, c'eſt
perdre temps : *ſtomachus enim mor-*
bo vitiatus quaſcumque accipit cibos
mutat. De ſorte qu'il en faut venir
à la crainte des loix & à la force,
& magno timore magna odia compeſ-
cenda : ſed fidelius & gratius ſemper
eſt obſequium, quod ab amore, quàm
quod à metu proficiſcitur. Ceux qui

font bleffez de l'afpic nommé Dip-
fas, ont vne alteration perpetuel-
le par la force du venin qui s'ef-
pand en toutes les veines, & feiche
la maffe du fang, tellement que le
malade boit continuellement & ne
fe peut raffafier. De mefme ceux
qui ont vne fois receu cefte vene-
neufe & peftilencielle inftruction
des Iefuites, ont vne foif continuelle de troubler les affaires de
leur païs, & d'auancer la domination Efpagnole.

L'hiftoire de Portugal eft notoire. Le Roy Philippes iettoit
l'œil fur ce Royaume voifin il y
auoit fort long-temps : mais fans
faire mourir le Roy & la plus grande partie de la nobleffe il ne le pouuoit domter. Il employe les Iefuites qui eftoient à l'entour du Roy
Sebaftian, & qui fe font appeller
Apoftres en ces païs-là, lefquels
par mille fortes d'artifices luy
ayant ofté fes anciens feruiteurs,
mefmes Pierre d'Alcaffone fon Se-

cretaire d'Eſtat, luy perſuadent de
paſſer en Afrique contre ennemis
infinis fois plus forts que luy. Il
l'entreprit, mais il y perdit la vie
auec quaſi toute la nobleſſe de
Portugal. Pendant le Regne du
Cardinal qui dura peu, les Ieſuites font ſi bien leurs pratiques,
qu'incontinent après ſa mort, le
Roy Antoine recogneu par tous
les Eſtats, eſt chaſſé de la terre fer-
me, luy ayant en un meſme iour
fait reuolter tous les ports de mer,
de ſorte qu'il fut contraint de faire deguiſé & à pied plus de quatre
cens lieües. Les Iſles de Tercere
tenoyent encores pour le Roy Antoine, c'eſtoit vn bon pied & qui
rompoit tout le trafic des Indes,
les Francois s'y ietterent conduits
par le ſieur Commandeur de Chat-
tes : tous les habitans des Iſles,
tous les Religieux, Cordeliers, &
autres ſe montrerent très-affec-
tionnez à leur Roy, & ennemis
iurez des Caſtillans. Tout au

contraire les Iesuites qui avoyent
fait reuolter le reste du Royaume,
commencerent à fulminer contre
les François, & à exalter le Roy
Philippes. Que fist-on ? au lieu de
les ietter dans la mer, au moins de
les chasser hors des Isles, on se
contenta de les murer dans leur
cloistre. Et cecy est déduit au
long dans l'histoire imprimée à Ge-
nes par le commandement du Roy
d'Espagne, & qui est du tout à
son aduantage. Aussi tout ce qui
y est escrit des Iesuites est mis
en leur honneur, comme ayant
esté les principaux moyens de ceste
vnion de Portugal à Castille : tout
ainsi que leur trauail de maintenant n'a autre but qu'vne sem-
blable vnion & annexe de la France à la couronne d'Espagne.

Que firent les Iesuites ? quand
ils veirent qu'il étoit temps, vne
nuict ils démurerent leurs portes,
& meirent au deuant le saint Sa-
crement de l'Autel, se moquans

de Dieu, & se seruans de ses sacrez mysteres pour exciter des seditions: & commencerent à si bien prattiquer le peuple, qu'ils le rendirent froid à se ioindre aux François, conduits par monsieur le Mareschal de Strossy, qui fut rompu. Et icy il faut leuer les oreilles: l'histoire porte que vingt-huit Seigneurs, & cinquante deux Gentils-hommes François furent bourrelez par l'arrest Espagnol en même iour, sur vn mesme échafaut à Ville-franche, & infinis soldats pendus. La mesme histoire descrit que pendant ceste guerre, cinq cens Cordeliers ou autres Religieux qui auoient presché ou parlé pour le Roy Antoine, furent executez à mort. Voilà les preceptes des Iesuites: Tuez, massacrez, pendez, bourrelez. Aussi nous voyons qu'en France ceux qui vont à confesse à eux, & qui sont nourris de leurs mammelles, sont si cruels qu'ils se tuent les vns les autres.

Marcelin au 27. dit, que vers le Pont Euxin il y avoit vn peuple nommé *Odryſæ*, *qui ita humanum ſanguinem fundere erant aſſueti, vt ſi hoſtium copia non daretur, ipſi inter epulas ſuis corporibus imprimerent ferrum.* Ceux-cy s'entretuent encores qu'ils aïent tant d'ennemis en la campaigne.

Allez-donc meſſieurs de la Nobleſſe, ſuiuez ces diſciples des Ieſuites, afin qu'à la premiere fantaiſie ils vous payent à coups de poignard de tous vos ſeruices : & qu'au mieux qui vous puiſſe aduenir, vous faſſiez quelque coin de la France, *Maur rum prouinciam, & ex Bætica iu ra pctatis. Quantò pulchrius erit veſtra fide communi, veſtris communibus viribus imperium rct ntum ac omnino recup ratum eſſe !*

Courage donc, braue & indontable Nobleſſe Françoiſe, continuez de vous reioindre tous en vn meſme corps d'armée : Dieu protecteur

teur des Royaumes , Dieu qui a
touſiours ietté ſon œil de commi-
ſeration ſur la France en ſes plus
grandes afflictions , plantera ſans
doute au milieu de vous l'amour
& la concorde. Il vous remplira le
front d'horreur, le bras de vigueur:
il vous enuoyera ſes Anges pour
vous fortifier , afin que vous ex-
terminiez bien-toſt des Gaules ,
tous ces infets & ſuperbes Caſtillans.

Alexandre diſoit qu'Antipater
eſtoit habillé de blanc , mais qu'au
dedans il eſtoit tout rouge. De
meſmes , il y a pluſieurs perſonnes
qui en apparence ſont ſeruiteurs
du Roy, & ſçauent bien faire leur
profit particulier de ſa bonne fortune : mais au dedans ils ſont tous
rouges , tous Eſpagnols. Ces gens
icy qui ont affaire des Ieſuites
pour executer leurs malheureuſes
entrepriſes , n'oſent pas neantmoins dire ouuertement qu'il les
faut laiſſer en France, (car tenir

ce langage, & porter vne croix
rouge c'eſt choſe toute ſemblable:
mais ils dient qu'il n'eſt pas temps
de les chaſſer : & apportent des
conſiderations, à toutes leſquelles
ie reſpondray. Mais auparauant il
eſt neceſſaire de deſtruire leur
gros bouleuart, qui conſiſte en
l'appointé au Conſeil de l'année
64. A quoy i'apporteray cinq reſ-
ponſes, deſquelles la moindre eſt
plus que ſuffiſante.

La premiere eſt que ceſte inſtance de 64. eſt perie non ſeulement par trois, mais par trente ans,
& quant à ce qu'on dit que la pe-
remption d'inſtance n'a point lieu
au Parlement, cela n'eſt veritable,
que lors que le procès eſt en eſtat
de iuger : & au faict qui ſe pre-
ſente, tant s'en faut qu'il y ait eſté
mis, qu'au contraire on n'a iamais
ſeulement leué les plaidoyers, qui
eſt le premier acte par lequel ſe
commence l'inſtruction d'vn appointé au Conſeil.

La feconde refponfe eft, que
l'Inftance de 64. eft du tout diffe-
rente de celle de prefent. Premierement les qualitez font diuerfes,
car les Iefuites eftoient lors de-
mandeurs, & ils font à prefent deffendeurs. En fecond lieu, il eftoit
lors queftion de fçauoir s'ils auroient les priuileges de l'Vniver-
fité : & maintenant il s'agit de s'a-
uoir s'ils fortiront de France. En
ce temps-là les appointer au Confeil eftoit leur dénier ce qu'ils de-
mandoient : maintenant ce feroit
appointer au Confeil la vie du Roy,
que d'entretenir cependant parmy
nous tels Affaffins, qui ne defirent
rien fi ardemment que fa mort.

En troifiéme lieu, il y a grande
difference entre l'année 64. & l'année 94. En 64. on craignoit le
mal qui eft aduenu, & plufieurs
ne le vouloient préfumer, trom-
pez par les douces paroles emmiel-
lées de ces hypocrites.

Quis te tam lene fluentem
Moturum totas violenti gurgitis iras
    Nile putes?

Qui est-ce qui en ce temps-là pouuoit penser qu'il verroit des mor-
tes-payes Espagnoles dans Paris,
fouler ces belles & larges rues, les
mains en arcade sur les costez,
l'œil farouche, le front ridé, la
demarche lente & graue?

Ecquis ad Ausonia venturos limina
    Troas
    Crederet? aut quem tum vates Caf-
fandra moueret?

En soixante quatre on n'auoit point
ouy pere Bernard & Comolet appeller le Roy Holoferne, Moab,
Neron, soustenant que le Royaume de France estoit electif, & que
c'estoit au peuple d'establir les
Rois : & alleguant ce passage du
vieil Testament: *Eliges fratrem tuum*
in regem: Fra rem tuum, disoient-ils,
n'est pas de mesme lignage, ou de
mesme nation ; mais de mesme
religion , comme ce grand Roy

Catholique, ce grand Roy des Es-
pagnes. Comolet a esté si impu-
dent que d'oser dire par vn vray
blaspheme, que sous ces mots *Eri-
pe me Domine de luto vt non infigar*,
Dauid par vn Esprit prophetique
auoit entendu parler contre la
maison de Bourbon. Pendant ces
guerres ils ont voulu establir vn
College de Iesuites à Poitiers, di-
sans qu'vn seigneur riche & fort
deuocieux vouloit donner huit
cens escus de rente pour la fondation. Après qu'on les a eu fort
long temps pressez pour sçauoir
qui estoit ce seigneur, n'en pou-
uant nommer aucun autre, ils furent contraints à toute force de re-
cognoistre que c'estoit le Roy d'Espagne, qui ne craindra iamais de
despendre si peu de chose, pour entretenir parmy nous des gens qui
nous sont si pernicieux & dangereux. Et cela a esté tesmoigné par
tous les Deputez de Poitiers, qui

ont aidé à remettre la ville en l'obeiſſance de ſa Maieſté.

En 64. les Ieſuites n'auoient point encores de Liure de Vie, dans lequel ils ont depuis mis tout ce qu'ils apprennent par leurs confeſſions du ſecret des maiſons, s'enquerant des enfans & ſeruiteurs, non pas tant de leur conſcience comme des propos de leurs peres & maiſtres, afin de ſçavoir de quelle humeur ils ſont. Comolet faiſant ſermon en la Baſtille deuant Meſſieurs qui y eſtoient priſonniers au commencement de 89. leur dit, apres mille impudens blaſphemes, que celuy qui auoit eſté leur Roy ne l'eſtoit plus : proiettant deſlors l'aſſaſſinat qu'ils firent depuis executer. Quand Trouué & le Capitaine Aubry furent empriſonnez dans la Baſtille par Buſſy le Clerc, le conſeil des quarante ne les pût tirer : mais Comolet ſeul comme un Orphée les feit ſortir d'authorité, tant les

Seize voleurs dependoient des Iesuites. Lors qu'on sceut l'election
du Pape qui est auiourd'huy, Comolet estant descendu de sa chaire y remonta, & commença à crier:
Escoute Politique, tu sçauras des
nouuelles ; nous auons vn Pape:
Hé quel ? bon Catholique. Quoy
plus ? bon Espagnol : va te pendre
Politique. Les Iesuites n'auoient
point tenu tous ces langages en
l'année 64. Vn ancien dit, *serpen-*
tes paruula fallunt, vbi aliqua soli-
tam mensuram transijt, & in mon-
strum excreuit, vbi fontes potu infecit,
& si afflauit deurit quacumque inces-
sit, balistis petitur. Possunt euadere
mala nascentia ; ingentibus obuiam
itur.

Tite-Liue dit elegamment : *Antè*
morbos necesse est cognitos esse, quàm
remedia eorum : sic cupiditates prius
natæ sunt, quàm leges quæ eis modum
facerent. Platon au commencement
de son premier Liure des Loix,
dit que Minos s'en alloit de neuf

en neuf ans sçauoir de Iupiter les
loix qu'il bailleroit aux Cretois:
dautant que le temps change tellement & varie toutes choses, que
ce qui semble bon en vne saison, se
trouue en l'autre fort pernicieux:
vsu probatum est leges egregias, exem-
pla honesta ex delictis gigni. Nam cul-
pa quam pœna tempore prior: emendare
quam peccare posterius est.

Parlez au sieur Marquis de Pi-
sani, il vous tesmoignera que depuis l'an 64. qu'il traitte comme
Ambassadeur les affaires de France en Espagne & Italie, il n'a iamais eu vn grand affaire qu'il n'ait
trouué vn Iesuite en teste. Parlez à
ceux qui ont dechiffré toutes les lettres importantes interceptées pendant ces guerres, ils vous diront
qu'ils n'ont rien leu de pernicieux
ou vn Iesuite n'ait esté meslé. Et
tout nouuellement à Lyon depuis
la reduction, vn Iesuite qui auoit
commencé à dire la Messe, voyant
vn Gentilhomme qui auoit vne

elcharpe blanche, s'enfuit hors de
l'Eglife pleine de peuple, penfant
exciter vne fedition : ce qu'ils ont
encores tenté depuis , & perdront
enfin cefte importante Ville , s'ils
n'en font promptement chaffez par
voftre Arreft.

: En quatriéme lieu , quiconque
contreuient aux modifications &
conditions , fous lefquelles vne
chofe luy eft accordée , doit eftre
priué du proufit qu'il en pourroit
tirer. Or depuis l'an foixante quatre les Iefuites ont contreuenu directement aux conditions de leur
aduis de Poiffy, qui eft la feule ap-
probation qu'ils ayent en France.
Premierement ils y ont contreuenu en ce qu'ils ont retenu le nom
de Iefuites, qui leur eftoit expref-
fément deffendu, comme ayant efté
ce nom glorieux referué particulierement au feul Sauueur du monde:
fans que iamais entre les Chreftiens
aucun fe foit trouué fi orgueilleux
que de fe l'attribuer ou en particu-

Ont contre-uenu directe-ment à l'aduis de Poif-fy, con-fequé-

D v

ment il
est nul
par
clause
expref-
fe , &
les Ie-
fuites
fans re-
ception
enFran-
ce.

lier,ou en commun. Ils ont esté mefmes si impudens qu'ils ont pris ce
nom dans les theses, par lesquelles
mellea, delinifica & suada oratione a-
liud clausum in pectore habentes, aliud
promptum in lingua , ils ont voulu
depuis trois mois flatter ceux qu'ils
desireroient auoir mis au plus pro:
fond de l'Inquisition d'Espagne.
En second lieu , ils ont contreuenu à l'aduis de Poissy , par lequel
leur College estoit receu , & leur
religion reiettée: car ils ont esté si
hardis que de la planter en trofée
au milieu de la ruë sainct Antoine, où ils sont encores auiourd'huy
si impudens , que d'auoir en leurs
chappes les armes de France plei-
nes, auec vn chapeau de Cardinal audessus : pour dire qu'en dé-
pit du Roy , auquel ils n'ont aucun serment de fidelité,& qu'ils ont
voulu & veulent chacun iour faire
massacrer , ils recognoissent vn
Charles dixiéme avoir esté Roy de
France , sous lequel ils esperoient

faire de ce Royaume ce qu'ils ont
fait du Portugal fous un autre Cardinal. En troifiéme lieu, leur aduis de Poiffy porte expreffement,
qu'ils ne pourront obtenir aucunes bulles contraires aux reſtric-
tions portées par ceſt Acte, & que
là où ils en obtiendront, les pre-
ſentes demeureront nulles, & de
nul effect & valeur. Ce qui eſt ve-
rifié à ceſte meſme condition. Or
ils ont obtenu bulles tellement contraires à ceſt aduis de Poiffy, que
meſmes par icelles tous ceux qui
ont apporté des limitations & re-
ſtrictions à leurs priuileges & in-
ſtitutions, ſont excommuniez
d'excommunication maieure, voire meſme tous ceux qui entreprendront d'en diſputer, quand ce
ne feroit que pour en rechercher
la verité. Voicy les propres mots
de leur bulle de quatre-vingt quatre : *ſuiſque præpoſitis in omnibus &*
per omnia obedire : & huic ſedi im-
mediatè ſubiectos, & à quorumuis or-

D vj

dinariorum & delegatorum, seu alia-
rum iudicum iurisdictione omnino exem-
ptos, prout nos etiam vigore præsen-
tium eximimus. Ce qui est directe-
ment contraire à cette clause de
l'aduis de Poissy : *A la charge que*
sur icelle dite societé & Colleges l'E-
uesque Diocesain aura toute superin-
tendance, iurisdiction & correction.
Et consequemment leur aduis de
Poissy demeure nul, tant par la disposition de droict desia alleguée,
que par la clause adnullatiue expresse de ladite assemblée : *Renon-*
ceront au prealable, & par exprès, à
tous priuileges portez par leurs bulles
aux choses susdites contraires. Au-
trement & à faute de ce faire, ou qui
pour l'aduenir en obtiennent d'autres,
les presentes demeureront nulles, & de
nul effet & valeur. Mais voicy la
clause bien plus estrange de leur
bulle de quatre-vingts quatre, par
laquelle & nous qui parlons contre eux, & vous, Messieurs, qui
en cognoissez, & ceux de Poissy

mesme qui en ont ordonné, som-mes tous excommuniez : *Præcipimus igitur in virtute sanctæ obedientiæ, ac sub pœnis excommunicationis latæ sententiæ, necnon inhabilitatis ad quæuis officia & beneficia secularia, & quorumuis ordinum regularia, eo ipso absque alia declaratione incurrendis, quarum absolutionem nobis & successoribus nostris reseruamus. Ne quis, cuiuscunque status, gradus, & præeminentia existat, dictæ societatis institutiones, constitutiones vel etiam præsentes, aut quamuis earum, vel supradictorum omnium articulorum vel aliud quid supradicta concernens, quouis disputandi, VEL ETIAM VERITATIS INDAGANDÆ QUÆSITO COLORE, directè vel indirectè impugnare, vel eis contradicere audeat.*

postures des Iesuites sont excommuniez

En cinquiéme & dernier lieu, & pour ne rien flatter en ceste cause tant importante, & de laquelle l'issue prompte est si ardemment

deſirée de tous les gens de bien :
Qui ne ſçait qu'en 64. il n'y avoit
homme ceans qui euſt oſé parler franchement contre la coniuration d'Eſpagne ? *Trepidi erant*
omnes boni, & elingues : cùm dicere
quod nolles, miſerum : quod velles,
periculoſum : les roues, les potences
n'euſſent pas eſté ſupplices ſuffiſans
contre ceux qui euſſent eſté ſi hardis. Que penſez-vous donc eſpions
d'Eſpagne alleguer auiourd'huy
pour vous maintenir ? Qu'on vous
a enduré par le paſſé ? & tout au
contraire c'eſt ce qui vous doit
pluſtoſt faire chaſſer de la France :
ſçavoir la force, la violence, la tyrannie de vous, de vos ſuppoſts, de
vos Eſpagnols , qui nous ont lié les
mains, qui nous ont fermé la bou-
che, qui vous ont donné tant de
courage, qui vous ont fait parler
ſi haut, qui vous ont tant eſleuez,
vos, inquam, homines ſceleratiſſimos
cruentis manibus, immani auaritia
nocentiſſimos ac ſuperbiſſimos, quibus

fides, decus, pietas ; poſtremò honeſta
atque inhonneſta omnia quæſtui ſunt.

. Mais ils ne ſont pas tous ſeuls
méchans. C'eſt en quoy ils ſont pi-
res : car s'ils euſſent eſté ſeuls pernicieux, noſtre mal euſt eſté petit :
le grand nombre de François qu'ils
ont corrompus a eſté cauſe de nos
miſeres : & toutefois ils voudroient
auiourd'huy volontiers ſe cacher &
s'enfoncer dans ceſte foule: *Societa-*
te culpæ inuidiam declinare cupientes,
quaſi publica via errauerint. Mais
tout au contraire tant plus il y a
eu de méchans, tant plus de fruits
des Ieſuites : & dauantage toute
ceſte ſentine de Seize & de leurs
adherens ne ſont-ils pas maintenant ſur le chemin d'Eſpagne,
bannis pour iamais de l'air de la
France, qu'ils ont empeſtiferé ſi
long temps ? Hé que font encores
icy les Ieſuites ? Qu'ils y font ? ne
le voyons-nous pas aſſez ? Quelles
brigues, quelles violences, quelles corruptions, & quaſi quelles

seditions n'ont-ils desia faites ?
Croyez, messieurs, qu'ils ne perdent
pas leur temps : tels esprits remuans *ad excogitandum acutissimi ;
ad audendum impudentissimi, ad effi-
ciendum acerrimi*, ne sont pas inu-
tils : ils reçoiuent chacun iour les
pacquets d'Espagne, & de tous les
coins de la France, & les font tenir à Soissons : ils les portent eux-
mesme hors de la ville (car de
fouiller vn Iesuite ce seroit vn cri-
me de leze Maiesté diuine, & n'y
a Capitaine qui l'ait encores osé
entreprendre.) Ils reçoiuent en
leur chambre du conseil tous ceux
qui ueulent machiner contre l'estat de la uille : pourueu qu'on fa-
ce mine d'aller à l'Eglise, ou à confesse aux Iesuites, qui sera si har-
dy que de s'adresser à un reste de
seize , qui ira coniurer nostre
mort ? Nous laisserons-nous tousiours ainsi abuser par ces hypocrites ? Ressemblerons nous tousiours
ces barbares qui se moquoient des

machines qu'on eleuoit contre
leurs murailles, iufques à ce qu'ils
fe trouuerent rudement battus &
emportez d'affaut ? Permetrons-
nous que nos ennemis raffemblent
les pieces de leur naufrage ? Que
les Iefuites renoüent leurs prati-
ques, & reforment leur party
dans les confciences du peuple
qui furpaffe toufiours en nombre ?
Il 'n'y a rien fi eftrange en cefte
affaire, que comme il a efté poffi-
ble d'attendre des delaiz, des for-
malitez de la Iuftice, & que fur le
champ à l'improuifte, fans leur
donner loifir *ambitu propugnare
quod fcelere commiferunt*, on ne les
a chaffez comme on fift à Bordeaux, qui eft le plus bel acte & le
plus glorieux que fift iamais monfieur le Marefchal de Matignon,
encores qu'il ait le chef enuiron-
né d'infinis lauriers qu'il a rempor-
tez de fes belles victoires. Mais ce
coup qu'il frappa de refolution,
luy donna moyen de conferuer la

Guyenne, laquelle autrement ſe perdoit, & entraînoit en ce temps-là la ruine de tout le ſurplus.

Braue & généreux Mareſchal, tu n'as point craint les calomnies, les méchantes langues & les vomiſſemens empuantis de ceux qui faulſement ſe diſans parmy nous ſeruiteurs du Roy, fomentent, ſouſtiennent, ſupportent & fauoriſent ſes plus cruels, ſes plus deteſtables, ſes plus coniurez ennemis: mais en fin ils periront tous malheureuſement auec leurs Ieſuites, nonobſtant leurs belles conſiderations, deſquelles la principale eſt.

QVE DIRA ON A ROME? hé qu'a-on dit de Monſieur le Mareſchal de Matignon? Voulons nous ſçauoir ce qu'on dira à Rome? Diſtinguons ceux qui par-

Reſponſe à ceux qui diſent que dira on à Rome?

leront. Les Eſpagnols diront que
ceux qui ont chaſſé les Ieſuites
de France, ſont tous heretiques:
ont ils parlé autrement ? Ie ne
diray point ſeulement de nous qui
auons ſuiuy la fortune du Roy ,
mais auſſi de ceux qui eſtans demeurez en ceſte ville ſe ſont ſi
vertueuſement , & auec le peril
euident de leur vie , oppoſez à
l'extinction de la loy Salique : les
Eſpagnols ne diſoient ils pas qu'ils
eſtoient tous Lutheriens & heretiques ?

Au contraire ceux qui ne ſeront
point Caſtillans à Rome & en Italie, diront que c'eſt à ce coup que
les François veulent demeurer
francs, libres & ennemis iurez de
l'Eſpagne : que c'eſt à ce coup
qu'ils voyent clair en leurs affaires
puis qu'ils chaſſent d'auec eux les
eſpions de leur ennemy : bref que
c'eſt à ce coup qu'ils veulent viure
en ſanté vigoureuſe & aſſeurée ,
puis qu'ils vuident ces humeurs

noires, recuites & très-malignes.

Mais si les Iesuites sont pernicieux à la France, pour le moins
ont ils fait de grands miracles aux
Crua-
té aux
Indes. Indes. Ouy certainement & fort
remarquables pour nous, car ils
ont fait mourir auec leurs Castillans par le fer & le feu vingt millions de ces pauures innocens, que
leur histoire mesme appelle des ai-
gneaux. Ils ont bien arraché le pa-
ganisme, non pas en conuertissant
les Payens, mais en les bourrelant
cruellement. La façon de laquelle
ils dépeuplerent l'Isle Espagnole
est fort remarquable. Ils meirent
d'vn costé tous les hommes à part
aux minieres, & les femmes à la-
bourer la terre : de sorte que n'en
naissant plus, & exerçans toutes
cruautez sur les viuans, en moins
de douze ans ils firent que dedans
ceste grande Isle il ne restoit que
des naturels Castillans. Au Peru
ils ont des gesnes publiques dans
les marchez, pour y mettre mil

hommes à la fois, & là les foldats
& les goujats tourmentent ces pauures gens, à fin de leur faire confeffer où eft leur threfor. Auffi
quand ils peuuent efchaper, ils fe
vont eux-mefmes pendre aux mon-
tagnes, & auprès d'eux leurs femmes & leurs petits enfans à leurs
pieds. Ces monftres de tyrannie
vont à la chaffe aux hommes, ainfi
qu'on fait icy aux cerfs : les faifant
deuorer par leurs dogues, & par
les tygres, lors qu'ils les enuoyent
chercher du miel & de la cire, &
auffi par les Tuberons quand ils
leur font pefcher les perles aux endroits de la mer les plus dangereux. S'ils meinent ces pauures
gens à la guerre auec eux, ils ne
leur donnent chofe du monde à
viure, & les contraignent de man-
ger leurs ennemis, de forte que
leurs armées Efpagnoles font vraïes
boucheries de chair humaine : &
nous trouuons eftrange les cruautez qu'ils pratiquent de deça, qui

ne font que douceurs à comparaifon de ce qu'ils fçauent faire. Leur
auarice eftoit fi extreme, qu'ils
chargeoient leurs nauires de trois
fois autant de ces pauures efcla-
ues qu'ils en pouuoient mener &
nourrir : tellement qu'ils en iet-
toient tant dans la mer, que pour
aller de l'Ifle de Lucayos iufques à
l'Ifle Efpagnole, où il y a fort loin,
il ne falloit aiguille ny carte ma-
rine, ains feulement fuiure la tra-
ce de ces pauures Indiens morts
flottans fur la mer, où ils les a-
uoient iettez.

FRANÇOIS, contemplez deux
& trois fois, contemplez la gra-
ce que Dieu uous a faicte de vous
tirer hors de la feruitude de cefte
monftrueufe & prodigieufe nation : les cadennes & les fers euffent efté vos plus gracieux traicte-
mens, vous euffiez efté emmenez
à pleins vaiffeaux aux Indes, pour
trauailler aux minieres, pendant
qu'ils euffent eftabli dans vos villes

des colonies, & donné vos maifons
des champs en commande: & neanmoins c'euft efté planter la religion Catholique, que de faire
mourir ou enchainer tous les
vrais Catholiques & ne laiffer en
France que les atheiftes, volleurs,
Affaffins, inceftueux, penfionnai-
res d'Efpagne.

Mais fi les Iefuites font fi mé-
chants, il leur faut faire leur procès. Ie refpond que monfieur le
Procureur general fçaura bien re-
querir contre ceux qu'il aduifera:
mais ce que l'Vniuerfité (fille aif-
née du Roy, & qui ne peut qu'elle
ne rompe le filet de fa langue, pour
crier contre ceux qui veulent affaffiner fon pere) fouftient, eft que
tous les aultres doiuent vuider le
Royaume pendant qu'on fera le
procès de mort à ceux qui feront
emprifonnez : *le ita remedia & fi-
gnes medicos non expetunt mala nof-
tra.* L'hiftoire des freres humiliez
& du Cardinal Bonromeo, eft tou-

Ref-
ponfe à
ceux
qui di-
fent,
faites
leur
procés,

te notoire & toute recente : l'vn
de ces freres voulut affaffiner ce
Cardinal. Tout fur l'heure l'ordre
fut efteint, & tous ceux qui en eftoient, chaffez d'Italie par le Pape
Pie cinquieme, vrayement digne
de fon nom, qui faifoit des ligues
contre le Turc, au lieu que les autres les ont fait contre ce Royaume. Et maintenant pour auoir
voulu faire tuer vn Roy de France, pour auoir fait euader l'Affaf-
fin Varade, les Iefuites ne feront
pas chaffez ? Ceux qui fouftien-
nent cefte propofition, font plus
d'eftat de la vie d'vn Cardinal que
d'vn Roy de France, fils aifné &
protecteur de l'Eglife.

La loy ciuile chaffe, bannit &
rend miferables les enfans à la
mammelle de ceux qui ont attenté
la vie du Prince. On craint l'exemple, & nous conferuerons les compagnons de Varade qui ont mefme vœu, mefme defir, mefme def-
fein, & qui l'ont fait euader ? Tellement

lement que toutes les fois qu'vn Iefuite aura attenté à la vie d'vn de
nos Rois, l'on le chaffera feul. Voilà vne bonne propofition , pour
faire que vingt Rois foient pluftoft maffacrez que tous les Iefuites chaffez de France. Ceux qui
font de ceft aduis ne craignent gue-
res de changer de Roy.

Si on les vouloit faire mourir
comme les Templiers, il leur faudroit faire leur procez criminel.
Mais que dient les Iefuites ? Qu'ils
font venus en France pour nous
apporter tant de profit : l'experience nous a monftré qu'ils ont caufé
noftre ruine. Qu'eft-il befoin d'vn
plus long procez ? Qu'ils aillent
ainfi profiter à nos ennemis. Il y a
à ce propos vn lieu excellent dans
Tacite, *si, patres confcripti, vnum
id fpectamus quàm nefaria voce aures
homtnum polluerint, neque carcer, neque laqueus fufficiant : eft locus fenten-
tiæ, per quam neque impune illis, fit,
& vos feueritatis fimul ac clementia*

non pœniteat : aqua & igni arceantur.
Voilà l'Arreſt des Ieſuites.

Dauantage auparauant l'année
quatre-vingt cinq , il euſt para-
uanture eſté beſoin de çeſte forma-
lité : *Hactenus inim flagityſ & ſcele-*
ribus velamenta quæſiuerant. Mais
maintenant en vne telle notorieté
de fait & de droit, il ne faut ny lettres ny teſmoins. Quintilian dit elegamment , *Quædam ſunt crimina læ-*
ſæ reipublicæ , ad quorum pronuncia-
tionem ſoli oculi ſufficiunt. Et Sene-
que a à ce propos au dixiéme des
Controuerſes , *An læſa ſit reſpublica*
non ſolet argumentis probari , manife-
ſta ſtatim ſunt damna reipublicæ. Qui
euſt peu ſaiſir au corps Iules Ce-
ſar , euſt-il fallu luy confronter
des teſmoins pour prouuer qu'il
avoit paſſé le Rubicon, qu'il eſtoit
entré en armes en Italie , & pris
les threſors publics ? Les Peintres
& les Poëtes ont donné à la Iuſtice l'eſpée nuë , pour faire entendre qu'il ne faut pas touſiours vſer

de scrupule & de longueur : ny
imiter les mauuais Chirurgiens,
qui par faute de remedier de bonne heure à la maladie, different
iusques à ce que la force & la vigueur du patient soit abaissée &
aneantie.

Mais qu'est-ce qu'vne chose
notoire ? Tous nos Docteurs le de-
finissent en vn mot, *quod fit coram
populo* : Et pleust à Dieu que les
crimes des Iesuites n'eussent point
esté si grands, si certains & si notoires, nous n'eussions pas enduré
tant de miseres !

*O vtinam arguerem, sic vt non vin-
cere possem !*

*Me miserum ! Quare tam bona cau-
sa mea est ?*

*Sed nihil integrum Aduocato relique-
runt ; res enim manifestissimas inficia-
ri, augentis est crimen, non diluentis.*
Philon Iuif sur les dix Commandemens, parlant de la voix de
Dieu, rend vne belle raison pourquoy on la voyoit : D'autant (dit-

E ij

il) que ce que Dieu dict, n'est pas seulement parole, mais œuure. C'est vn prouerbe que la voix du peuple (c'est à dire, des gens de bien & non pas de la populace) est la voix de Dieu: parce qu'elle parle de choses notoires, de choses qui ont esté vûës, & en quoy on ne peut mentir.

Mais les Iesuites (di-on) ne sont pas tous estrangers : comme si les Espagnols d'adoption & de serment ne nous auoient pas beaucoup plus fait de mal que les naturels. *Ego potius ciues credam, qui in extrema Scythia nati bene de Gallia cogitant, quàm qui Lutetiæ geniti, & educati locum, libertatem, gloriam, in qua nati sunt per summum scelus perdere velint & conentur.* Comolet, Bernard, & semblables ne sont-ils pas François de naissance, & neantmoins y-a-il gens qui ayent si impudemment vomy toutes sortes de blasphemes contre sa Maiesté, & contre la memoire de nostre deffunt Roy ? Y a-il personnes au

Response à ceux qui diёt qu'ils ne sont pas tous estrangers.

monde qui ayent tant trauaillé à
renuerſer l'Eſtat ? Car pourueu
qu'on mette audeuant vn faux pretexte de religion, tout ce qui ſe fait
ſous cela, eſt miſſion : tuer ou faire maſſacrer les Princes excommuniez par le Pape, c'eſt le principal
chef de la miſſion. Varade meſmes
qui a encouragé & exhorté cet Aſ-
faſin de Melun, n'eſtoit-il pas Pa-
riſien ? O qu'il y a long-temps que
l'ordre des Ieſuites euſt eſté chaſſé
& exterminé de France, s'il n'y a-
voit entre nous, autres Eſpagnols
que ceux qui ſont naiz delà les Py-
renées ! Les biens & les faueurs im-
menſes que le Roy Philippes fait
aux Ieſuites donnent aſſez à con-
noiſtre qu'il les tient tous pour ſes
bons ſuiets & inſtrumens de ſa domination. Le grand vaiſſeau Ieſuite, qui porte leur or & leurs mar-
chandiſes des Indes (car ils tirent
de tous coſtez, afin d'augmenter
leur threſor de Rome & d'Eſpagne) ce grand vaiſſeau, dy-ie, ne

E iij

La miſ-
ſion des
Ieſui-
tes.

Les biés
& les
faueurs
qu'ils
reçoi-
uent du
Roy
Philip-
pes.
*Vita
Ignat.*
p. 177.

paye point de quint au Roy Philippes. Ce qui leur vaut plus de deux
cens mil escus tous les trois ans.
Pour leur part de la conqueste de
Portugal, il leur a donné le present
que les Rois des Indes Orientales
faisoient de trois en trois ans au
Roy de Portugal, qui vaut en or,
en perles, & en espicerie plus de
quatre cens mil escus. Aussi en recompense de tant de liberalitez,
ils parlent de luy comme du plus
grand Prince qui ait iamais esté
au monde, surpassant la force des
Romains, & tenant plus de pays
que tous les autres Rois de la terre.

Continuez ames Espagnoles à
haut loüer & magnifier les forces
du Roy de Castille, il vous fera
tous Cardinaux aussi-bien que Tol-
ledo, Iesuite Espagnol. Ils ne veulent point de petits benefices (an-
nexent neantmoins & vnissent à
leur mense force Prieurez & Ab-
bayes) mais d'estte Cardinal, afin
de venir au Papat, cela ne se doit

point refuſer. Qui a porté les paroles rudes & audacieuſes à Monſieur de Neuers , que ce Ieſuite
Cardinal Eſpagnol ? Qui fut ſi im-
pudent que de luy dire au mois de
Ianuier dernier , qu'il falloit que
les trois Prelats allaſſent demander
abſolution au Cardinal de ſainct
Seuerin chef de l'Inquiſition , de
ce qu'ils s'eſtoient trouuez à la conuerſion de ſa Maieſté ? Qu'elle hon-
te , quels blaſphemes contre Dieu
& ſa ſaincte religion, de demander
abſolution du plus bel œuure, plus
ſainct , plus profitable, & plus neceſſaire qui ſe pouuoit faire en la
Chreſtienté ! Mais puiſqu'il eſt
dommageable & pernicieux à l'Eſpagnol, les Ieſuites le condamne-
ront touſiours , & le iugeront digne de penitence & d'abſolution.
C'eſt pourquoy au premier bruit
de ceſte ſainte conuerſion , ils en-
enuoyerent de Paris à Rome , du
Puy auiourd'huy leur Prouincial,
pour perſuader au Pape qu'elle
eſtoit ſeinte.   E iiij

Sed iam tot traxiſſe moras, tot ſpicula tædet
Vellere —

Comment pouuons-nous douter
s'il faut chaſſer ces Aſſaſſins, veu
que dès l'an 1550. (comme l'a re-
marqué Monſieur l'Aduocat du
Meſnil en ſon Plaidoyé) les Ieſuites ayant preſenté leurs lettres, ſi-
gnées en la preſence du Cardinal
de Lorraine, & fondées ſur ce
qu'ils eſtoient receus en Eſpagne
(qui eſtoit vne fort belle conſide-
ration :) ces lettres furent pure-
ment & ſimplement refuſées par
la Cour, les deux Semeſtres aſ-
ſemblez ? Et quatre ans après, ſur
vne ſeconde importunité des Ieſuites, la Cour voulut auoir l'aduis de la Sorbonne, laquelle aſſemblée par quatre diuers iours
(preſidant ſans doute entre eux le
Sainct Eſprit) par vn inſtinct vraie-
ment diuin les preueut, & iugea
tres-dommageables & tres-perni-
cieux pour l'eſtat du Royaume, &
pour la Religion : & qu'ils iette-

roient infinies querelles, diuisions
& dissensions parmy les François.
Et afin qu'il ne semble qu'on y ad-
iouste rien, voicy les propres mots
du decret de la Sorbonne, qui en
peu de paroles descrit le mal que
que nous auons receu de ceste nou-
uelle & dangereuse secte.

Hæc noua societas insolitam nominis Iesu appellationem peculiariter sibi vindicans, tam licenter & sine delectu quaslibet personas quantumlibet facinorosas, illegitimas, & infames admittens, nullam à secularibus Sacerdotibus habens differentiam in habitu exteriori, in tonsura, in horis canonicis priuatim dicendis, aut publicè in templo decantandis, in claustris & silentio, in delectu ciborum & dierum, in ieiunijs, & alijs varijs legibus ac ceremonis (quibus status religionum distinguuntur & conseruantur). tam multis támque varijs priuilegijs indultis & libertatibus donata, præsertim in administratione sacramenti Pænitentiæ & Eucharistiæ,

Decret
de la
Sorbõ-
ne con-
tre eux.

E v

idque sine discrimine locorum, aut per-
sonarum, in officio etiam prædicandi,
legendi, & docendi, in præiudicium
ordinariorum, imò etiam principum
& dominorum temporalium, contra
priuilegia Vniuersitatum, in magnum
populi grauamen, religionis monasticæ honestatem violare videtur, studio-
sum, pium & necessarium virtutum,
abstinentiarum, ceremoniarum, & au-
steritatis eneruat exercitium, imò occasionem dat liberè apostatandi ab alijs
religionibus : debitam ordinarijs obe-
dientiam & subiectionem substrahit,
dominos tam temporales quàm Eccle-
siasticos suis iuribus iniustè priuat, per-
turbationem in vtraque politia, MVL-
TAS IN POPVLO QVERE-
LAS, MVLTAS LITES,
DISCORDIAS, CONTEN-
TIONES, ÆMVLATIONES,
REBELLIONES, VARIA-
QVE SCHISMATA. IN-
DVCIT. Itaque his omnibus diligenter examinatis & perpensis, hæc
Societas videtur in negotio fidei peri-

culosa, pacis Ecclesiæ perturbatiua, *monasticæ religionis euersiua,* ET
MAGIS IN DESTRVCTIO-
NEM QVAM IN ÆDIFICA-
TIONEM.

Auparauant que les effets de leur coniuration eussent esté cogneus, nous faisions en nostre Vniuersité de grandes admirations, Quelles gens sont-ce icy ? Sont-ils reguliers ou seculiers ? car nous n'en auons point de troisiéme sorte. Ils ne sont pas seculiers puisqu'ils viuent en commun, ont vn General, & qu'en fin ils font vœu de pauureté, disposans toutesfois entierement du bien des Colleges. Ils ne font pas aussi reguliers : car ils n'ont reigle quelconque, ny ieusne, ny distinction de viande, ny ne sont adstraints à certains seruices, & peuuent succeder, encores qu'ils ne se puissent deliurer de leur serment. Ils ont de quatre ou cinq sortes de vœux, de simples, de composez, de solem-

Ne sont
regu-
liers ne
secu-
liers.

nels, de secrets, de publics : brief,
ils broüillent & peruertissent tout,
& interrogez quels ils sont , ils res-
pondent , *Tales quales.*

Nous faisions (dy-ie) en ce
temps-là de grandes admirations,
mais maintenant tout cela cesse.
Pourquoy ? parce qu'en vn mot
ils ne sont ny reguliers ny seculiers. Quoy donc à vrais espions
d'Espagne , qui s'appelleront comme on voudra , ne liront point si
on ne veut , feront tous les ser-
mens qu'on desirera sous vne dis-
pense *ad cautelam*, pourueu qu'on
les laisse à leur aise trahir , espier,
ietter faux bruits parmy le peuple,
& des nouuelles à l'auantage d'Espagne , allumer & attiser le feu de
de nos dissensions. Voilà tout ce
qu'ils demandent, voila leur vœu,
leur profession , leur reigle , leurs
desseins , & leur souuerain bien.

Ce n'a point esté seulement la
Sorbonne de Paris qui les a con-
damnez : mais à Rome mesmes les

plus gens de bien cognoiſſans le
deſſein d'Ignace Eſpagnol, s'y op-
poſerent, voicy ce qu'eux-meſmes
en eſcriuent en ſa vie page 144.

Poſtea verò Ignatio eiuſmodi inſtituti
confirmationem ſcriptam poſtulante,
negotium à Pontifice Maximo tribus
Cardinalibus datum eſt: qui ne res
conficer.tur magnopere pugnabant, præ-
cipuè verò Bartholomæus Guidicionus
Cardinalis, vir pius quidem atque
eruditus, ſed qui tantam religionum
multitudinem, quanta nunc quidem
in Dei Eccleſia cernitur, minus pro-
baret, Conciliorum Lateranenſis ac
Lugdunenſis decretis fortaſſe permotus,
quibus nimirum nouarum religionum
multiplicatio prohibetur, aut certè pro-
pter quarumdam lapſam fluxámque
diſciplinam, quam in priſtinum ſta-
tum reuocandam cenſebat potius quàm
nouas religiones inſtituendas: atque
de ea re librum dicitur ſcripſiſſe. Qua-
propter cùm id ſentiret, acriter noſtris
reſtitit, & Societatis confirmationi
vnus omnium acerrimus repugnauit.

aliqui nonnulli conatus cum illo suos coniunxerunt. Qui les fist donc receuoir, nonobstant tous ces empeschemens? La promesse du quatriéme vœu d'obeïssance expresse au Pape, pardessus tous les Princes de la terre: Voicy ce qu'eux-mèmes en escriuent en ceste mesme page 144. *Quorum quidem religio, clericorum regularium esset: institutum verò, vt summo Pontifici ad nutum prastò forent, & omnino ad eam normam vitam suam dirigerent, qua multò antè meditata, & à se esset constituta: quod quidem Pontifex tertio Septembris Tibure* LIBENTER AVDIVIT, *anno* 1539.

Ils ont donc esté reiettez & en France & en Italie par tous les plus grands Catholiques non Espagnols: si d'auanture ils ne sont si impudens, & ceux qui les soustiennent, d'oser dire que la Sorbonne estoit heretique en l'an 54. lors qu'elle feit ce decret contre eux: tout ainsi qu'ils sont si eshontez

que de publier parmy les femmes
de leur Congregation , que tous
ceux qui pourſuiuent ceſte cauſe
ſont heretiques qui viennent de
Geneue & d'Angleterre. Que ſi
moy qui parle n'eſtois cogneu depuis mon enfance inſtruite dans
le College royal de Nauarre , &
que ma profeſſion ſi notoire, & ma
reception en charges publiques &
honorables dès l'an 80. & 85. ne
m'exemptoient trop manifeſtement
de leurs impoſtures , ils me fein-
droient volontiers enuoyé de-là-
meſmes, pour plaider contre eux.
Mais qui eſt-ce qui parlant contre
les Ieſuites ſera bon Catholique ,
puiſqu'ils ont fait declarer la Sorbonne heretique par l'Inquiſition
d'Eſpagne ? Nous apprenons cela
d'eux-meſmes, qui ſe vantent que
voyant ce decret de Sorbonne contre eux , ils eurent recours à l'Inquiſition de Caſtille , pour faire
condamner la Sorbonne de Paris
& ſon decret. Voyez, Meſſieurs,

qui eschaperoit des mains de ceste
Inquisition inhumaine, barbaref-
que , Espagnole , piege tendu à
tout ce qui s'oppose à la grandeur
de Castille, boutique sanglante de
toute cruauté , eschafaut de toutes les hideurs & horreurs tragi-
ques qui se peuuent excogiter au
monde : qui eschaperoit (dy-ie)
des mains de ceste Inquisition ?
puisque la Sorbonne de Paris y est
condamnée ? Mais où est ceste con-
demnation ? La voicy dans leur
vie d'Ignace , page 403. *Porrò in
Hispania quod Sorbonense decretum
contra sacro-sanctam sedis Apostolicæ
esset authoritatem , à qua religio nostra probata & confirmata est , fidei
quasi ores illud tanquam falsum , &
quod pias aures offenderet , suo decreto
legi prohibuerunt.*

　Il ne faut pas s'esbahir si l'Inquisition a tant de soin des Iesuites , car ces deux institutions n'ont
autre but que d'establir sur l'Europe la tyrannie de Castille.

Et nous demeurerons encores
froids à exterminer ceux qui se pour-
uoyent en Espagne contre ce qu'on
fait en France ; ceux qui donnent
tous les aduis à nostre ennemy ; qui
braffent toutes les trahifons ; cor-
rompent les efprits de nostre ieuneffe, & n'ont autre defir au monde que de faire maffacrer le Roy ?
Que veut-on attendre dauantage ?
*Opportuni magnis conatibus tranfitus
rerum, nec cunctatione opus eft.* Chacun eft iuftement irrité contre
eux, la playe des maux qu'ils ont
faits, eft encores toute recente.
Ou cefte audience deliurera la
France de ces nouueaux monftres
engendrez pour la demembrer :
ou bien fi leurs rufes, fi leurs artifices, fi leurs bruits femez les
maintiennent : Ie le dy haut (ils
ont trouué moyen de faire fermer
les portes, mais ma voix penetre-
ra en tous les quatre coins du
Royaume : & ie la confacreray
encores à la pofterité, laquelle fans

crainte & ſans paſſion iugera qui
auront eſté les meilleurs François,
& les plus deſireux de luy laiſſer
vne liberté ſemblable à celle que
nous auons receuë de nos peres :)
Ie le dy donc haut , *& quantum
potero voce contendam* , ils nous feront encores plus de mal qu'ils ne
firent iamais. Et ie ne ſçay ſi nos
forces ſeront entieres , ie ne ſçay ſi
on voudra riſquer encores vn coup
les biens & la vie :

Pector concipio nil niſi triſte meo.
Les affaires du monde ſe paſſent
& ſe coulent en vn moment : les
pareſſeux mariniers demeurent au
port pendant le beau temps : *Vincat
ſententia quæ diem non profert.* A
quoy faire auſſi ces dilations ? pour
leur donner le loiſir de paruenir
à leur but plein des larmes , voire
du ſang de tous les gens de bien : *
Tigres leonéſque nunquam feritatem
exuunt , aliquando ſubmittunt , &
cùm minimé expectaueris exaſperatur
teruitas mitigata. Ita mihi ſaluar.*

*publica vobiſcum frui liceat, vt ego
quod in hac cauſa vehementior ſum, non
atrocitate animi moueor, ſed ſingulari
quadam humanitate & pietate.* Ie
me repreſente touſiours ce meurtrier de Melun deuant les yeux, &
tant que les Ieſuites confeſſeurs &
exhortateurs de tels Aſſaſſins ſeront en France, mon eſprit n'aura
iamais de repos. Quand ils ſeront
chaſſez, lors ie ſeray aſſeuré, lors
ie verray tous les deſſeins malheu-
reux d'Eſpagne rompus en France. Toutes les Confrairies du nom
de Ieſus, du Cordon, de la Vier-
ge, de la Cappe, du Chappelet,
du petit Collet, & infinies autres
ſeront eſteintes. Et lors les traiſtres
qui voudront machiner contre l'E-
ſtat, ne ſçauront à qui s'adreſſer.
Car d'aller chez vn Ambaſſadeur
d'Eſpagne, il n'y en a point entre
nous : d'aller chez vn homme ſuſ-
pect, cela ſera bien-toſt deſcou-
uert, & puis les papiers des parti-
culiers tombent par leur mort en-

tre les mains de la Iustice : mais
ceste Societé ne meurt point : & si
sous le pretexte de deuotion l'assemblée du conseil est tousiours
couuerte : Bref de cent hommes
qui se fieront en eux , il ne s'en
trouuera pas deux qui se descou-
urent à vn autre.

Nesciet hoc quisquam nisi tu , quæ
sola meorum
Conscia votorum es.

Sicut igitur in corporibus ægris , nihil
quod nociturum est medici relinquunt :
sic nos quicquid obstat libertati recida-
mus. Et ne ressemblons pas aux personnes malades de colere qui ne
veulent point prendre medecine
pour se guarir tout-à-fait : ains
ostent seulement vne partie de ce
qui degouste de l'humeur coleri-
que , & enfin payent les vsures auec
griefues douleurs & angoisseuses
trenchées : tout ainsi qu'il y a des
odeurs qui font reuenir sur l'heure ceux qui sont tombez du haut-
mal , mais ne les guarissent pas :

Ad exiguum momentum profunt , nec remedia dolori funt , fed impedimenta. Auſſi-bien les Ieſuites ne peuuent eſtre en façon quelconque compris en la Declaration du Roy, qui porte ceſte exception en propres termes : *Fors & excepté de l'attentat & felonnie commis en la perſonne du feu Roy , noſtre tres-honoré ſieur & frere , que Dieu abſolue, & entrepriſe contre noſtre perſonne.* Ce qui ne ſe peut mieux rapporter à autre quelconque qu'aux Ieſuites, qui ont enuoyé de Lyon, & après de Paris l'Aſſaſſin pour tuer le Roy. Ioint que le meſme Edict du quatriéme Auril 1594. ne pardonne qu'à ceux qui renonceront à toutes ligues & aſſociations, tant dedans que dehors le Royaume. Or le principal vœu des Ieſuites eſtant d'obeïr en toutes choſes à leur General Eſpagnol & au Pape , ils ne peuuent en façon quelconque renoncer à ceſte aſſociation la plus eſtroite qui ſoit au monde, s'ils ne

renoncent à leur societé. Bref ils
ne peuuent estre Iesuites & compris en l'Edict du Roy, qui porte
d'ailleurs que, *dans vn mois telles*
renonciations, & le serment de fideli-
té doiuent estre faits. Ce qu'encores
auiourd'huy les Iesuites n'ont point
executé, & n'ont peu faire appa-
roir d'aucun acte qu'ils s'en soient
mis en deuoir : comme aussi n'en
sont-ils point capables , d'autant
qu'on ne peut estre vassal lige de
deux Seigneurs.

Vn ancien dit fort elegamment,
Quid prodest strenuum esse in bello,
si domi malè viuitur ? Pendant que
le Roy est à cheual pour ruiner,
defaire & chasser ses ennemis , &
forcer les Villes qui s'opiniastrent
en leur rebellion : pendant qu'il
endure l'ardeur des Soleils , la ri-
gueur des Hyuers, & s'expose chacun iour aux perils de la guerre
pour nostre liberté : permettrons-
nous que les Iesuites en toutes ses
principales Villes , luy suscitent

tous les iours par leurs confeſſions
mille nouueaux ennemis, & qu'ils
y tiennent le conſeil ſecret de toute rebellion & de toute trahiſon?
*Quemadmodum aduerſus peſtilentiam
nihil prodeſt diligens cura valetudi-
nis, promiſcuè enim omnia inuadit :*
De meſmes les Magiſtrats ont beau
prendre ſoin, ſe tourmenter, aller & venir de tous coſtez : Tant
que la peſte ſera au milieu de la
Ville & de l'Vniuerſité, nous per-
drons nos Cytoyens à tas.

Iamais les Ieſuites n'ont veu en
France vn temps qui leur ait eſté
plus agreable que celuy de ces der-
nieres guerres, qu'ils euſſent volontiers appellé comme Commo-
dus, le ſiecle d'or. Car ils voyoient
tous les autres Colleges remplis de
leur garniſon eſtrangere, & par
elle demolis chacun iour : ils voyoient tous les Eſcoliers auec eux,
& toute l'Vniuerſité reduite au
ſeul College des Ieſuites, comme
elle eſt quaſi encores auiourd'huy.

On ne fçauroit croire, *quas ftrages edidennt* fur les efprits de ces ieunes enfans, ne leur parlant en tous leurs difcours & en tous leurs themes que des raifons pour lefquelles il eftoit permis d'affaffiner le Roy. Mais encores le mal qu'ils ont fait à Paris eft peu de chofe, à comparaifon de celuy qu'ils ont caufé en toutes les autres Villes.

Quand on dit que l'intereft de l'Vniuerfité de Paris eft borné dans l'enclos de fes murailles, c'eft bien mal confiderer la verité des chofes : car fi on arrefte les ruiffeaux, qui ioints enfemble font les grandes riuieres, il faut neceffairement qu'elles feichent : laiffez les Iefuites par toutes les Prouinces, il faut que l'Vniuerfité de Paris tariffe. Et à la verité, la feule comparaifon du haut degré de gloire, auquel vous, Meffieurs, auez veu noftre Vniuerfité montée, fa decadence continuelle, depuis que les Iefuites font venus en France, &

fe font

se sont establis par toutes les villes
d'où venoit l'abondance des Escoliers : & l'abysme de pauureté, &
de misere & d'indigence auquel
elle est maintenant reduite, pres-
te à rendre les esprits, si elle n'est
par vous, Messieurs, ses enfans, se-
courue en ceste extremité, ne fait
elle pas assez clairement cognoistre la iustice de la plainte, & de
la demande qu'elle vous fait maintenant ?

Si le iour de la conseruation
n'est pas moins agreable que celuy
de la naissance, certainement le
iour auquel les Iesuites seront
chassez de la France, ne sera pas
moins remarquable que celuy de
la fondation de nostre Vniuersité.
Et tout ainsi que Charles le Grand
après auoir déliuré l'Italie des
Lombards, la Germanie des
Hongres, passé deux fois en Espagne, & dompté souuent les Sa-
xons, institua l'Vniuersité de Paris, qui a esté l'espace de huit cens

F

ans la plus florissante du monde en
tous arts & sciences; & a serui de
refuge aux lettres bannies d'Asie,
anneanties en Grece, Egypte &
Afrique : de mesmes Henry le
Grand ayant chassé les Espagnols
par la force de ses armes, & exterminé les Iesuites par vostre arrest,
remettra nostre Vniuersité en son
ancienne splendeur, & en sa pré-
miere gloire : & fera son nom &
son los à iamais chanté sur nos
theatres : Ses triomphes, ses victoires, & ses hauts exploits d'armes seront à tousiours le sujet de
nos vers & de nos panegyriques.

Et vous, Messieurs, qui auez ce
bonheur, c'est heur rare & sou-
haitable de vous trouuer au iuge-
ment de ceste grande & importante
cause : eleuez ie vous supplie vos
cogitations, estendez-les iusques
au siecle de l'aduenir : vostre nom,
vostre mémoire seront à iamais
engrauez en lettres d'or, non seulement en nostre Vniuersité, mais

au cœur de tous les gens de bien,
& de tous les vrais François,

Aurea Clio
Tu nihil magnum sinis interrire :
Nil mori clarum pateris, reser-
uans
Posteris prisci monumenta secli
Condita libris.
Tu senescentes titulos laborum ,
Flore durantis reparas iuuenta ,
Militat virtus tibi, te notante
Crimina pallent.

Hanc igitur occasionem oblatam te-
n te, & amplissimi orbis terræ consilij
principis vos esse recordamini. Ne
doutez point que voſtre arreſt ne
ſoit par tout promptement executé : la renommée n'en ſera pas ſi
toſt volée aux autres villes, qu'on
chaſſera ſur l'heure tous ces eſpions d'Eſpagne. Ceux qui dient
que le Parlement ne les peut faire ſortir que hors du reſſort, ne
ſçauent pas quel eſt ſont reſſort
en telles matieres. Il n'a point
d'autres bornes que celles de la

pointe de l'espée victorieuse du
Roy, qui fera executer vos fena-
tufconfultes iufques au milieu du
Piedmont, où fa bonne fortune a
defia planté les fleurs de Lys fi
auant, que tous les Canons d'Efpagne ne les fçauroient efbranler.

Le Roy defire le bien : peut-on
croire qu'il aime ceux qui atten-
tent chacun iour fur fa vie : & qui
ont causé toutes les miferes qu'endure fon pauure peuple ? Quand
vous aurez donné voftre arreft, il
faudra cent mil hommes pour en
retarder l'execution : Sa Majefté
veut que vous participiez en quelque chofe à fes triomphes,

veterúmque exempla fecutus,
Digerit imperij fub iudice facta fe-
natu.

Il a chaffé de Paris la garnifon
Efpagnole armée & ouuerte : chaffez, Meffieurs, la couuerte & fe-
crette, chaffez celle qui a fait
entrer l'autre, qui l'a fait demeurer fi long-temps, & qui l'al-

loit faire redoubler s'ils euſſent
encores eu vn paſſage ſur l'Oyſe,
lors qu'ils vindrent iuſques à Beau-
uais. *Venit tempus, ſerius omnino
quàm dignum nomine Francico fuit,
ſed tamen ita maturum, vt differri
iam non poſſit.* Conſiderez, s'il vous
plaiſt, Meſſieurs, où vous en eſtes
venus. Vous auez déclaré le Duc
de Mayenne criminel de leze
Maieſté: & le tyran d'Eſpagne, &
ceux qui le fouſtiennent, ioignans
leurs armées aux ſiennes, ennemis
communs de la Chreſtienté: c'eſt
vn beau mot *Curate vt viri ſitis, &
cogitate quem in locum ſitis progreſſi.*
Vous leur auez arraché la ville de
Paris, qu'ils penſoient auoir aſ-
ſuiettie pour iamais à leur domination. Ils n'ont regret de rien tant
au monde, que de ce qu'ils ne
vous ont oſté la vie à tous, *Nunc
omnes vno ordine habent.* Vne autre
fois il ne vous faudroit point de
Baſtille, le tombeau ſeroit voſtre
Baſtille, encores ne ſçay-ie s'il

vous l'accorderoient. Dieu a mis auiourd'huy en voftre puif-fance d'acheuer de rompre pour iamais toutes leurs prati-ques, & toutes leurs intelligences: ils penferont auoir perdu deux ba-tailles lors qu'ils fçauront que tous leurs Iefuites feront chaffez hors de France. Ne laiffez point Mef-fieurs, efcouler cefte belle, cefte prompte occafion de vous deli-urer de ceux aufquels les lettres ne feruent (non plus qu'à Cara-calla) que d'inftruments propres à mal-faire. Chaffez ces gens icy, qui n'ont point de pareils en tou-tes fortes de méchancetez , *tam acres , tam paratos, tam audaces, tam callidos, tam in fce ere vigilan-tes , tam in perditis rebus diligentes.* Contre lefquels quand vous vous leuerez, Meffieurs, pour opiner, fouuenez-uous ie vous fupplie , combien fera douce la peine de l'exil à ceux qui ont tant de ri-cheffes en Efpagne, en Italie, &

aux Indes, au lieu qu'en l'an 1530.
ils n'auoient qu'vne petite penfion
qui leur eftoit enuoyée d'Efpagne,
ainfi qu'eux - mefmes le tefmoi-
gnent. Souuenez - vous auffi ,
s'il vous plaift de la perte de vos
parens, de vos amis, & de vos
biens : de la defolation de tant de
païs, de la mort de tant de grans
Capitaines, de tant de genereufe
Nobleffe , de tant de braues foldats emportez par la fureur de nos
guerres, qu'ils ont toufiours échau-
fées, comme ils font encores auiourd'huy. Et ne doutez nullement
que purgeant la France de ce poi-
fon, il ne luy aduienne comme aux
corps qui fe remetent en meilleur
eftat par longues & grieues mala-
dies, qui leur donnent vne fanté
plus entiere & plus nette que celle
qu'elle leur auoit oftée. Et quand
leur Aduocat vous viendra louer
la magnanimité & la clemence du
Roy : Souuenez-vous, Meffieurs,
que c'eft de ce Roy duquel ils ont

F iiij

le sang chacun iour en leurs vœux,
la mort en leurs prieres, l'aſſaſſinat
en leurs deteſtables & execrables
conſeils. Souuenez vous que c'eſt
de ce Roy auquel ils ont aidé dès
leur fondateur Ignace, d'arracher
partie de la couronne de Nauarre . & n'ont autre trauail auiour-
d'huy que de s'efforcer à luy oſter
celle de France , qu'ils deſirént
aſſuiettir & vnir à l'Eſpagne, comme ils ont fait le Portugal.

*SIRE, c'eſt trop patienté : c'eſt
trop enduré ces traitres, ces aſſaſſins au milieu de voſtre Royaume.
Pour voſtre regard , la gloire de
voſtre maieſté a donné iuſques aux
Empires de la terre les plus eloi-
gnés : on ne parle plus que de vos
victoires & de vos conqueſtes : &
le ſurnom de Grand vous eſt acquis pour iamais , & conſacré à
l'immortalité. Vos faits d'armes*

admirables vous ont remply les
mains de palmes, foulant sous le
pied de vostre authorité, la temerité, la desloyauté & les despouil-
les de tous vos ennemis. Mais,
SIRE, vous n'estes pas au monde
pour vous seul : considerez, s'il
vous plaist, combien la gloire de
vostre nom seroit affoiblie, si on
lisoit dans les histoires, que faute
d'auoir estoufé ces serpens, au-
moins de les auoir chassez hors de
vostre Royaume, ils vous eussent
enfin perdu, & après vous, tous
vos pauures sujets. SIRE, vous a-
uez affaire à vn ennemy patient &
opiniastre, qui ne quittera iamais
qu'auec la vie, ses esperances &
ses desseins sur vostre Estat. Tous
ses autres artifices ont failli & se
sont trouuez foibles : il ne luy res-

F v

te plus que son dernier remede, qui
est de vous faire assassiner par ses
Iesuites, puis qu'il ne peut autrement arrester le cours de votre bonne fortune. Il patientera, il dissi-
mulera, mais il visera tousiours à
son but : & tant que ses colonies
de Iesuites seront en France, où ses
aduis, & ses paquets se reçoiuent,
où ses meurtriers sont exhortez,
confessez, communiez, encoura-
gez, rien ne luy sera impossible.
SIRE, si vostre generosité ne
vous permet de craindre pour vostre personne, au moins apprehen-
dez pour vos seruiteurs. Ils ont a-
bandonné femmes, enfans, biens,
maisons, commoditez pour suiure
vostre fortune : les autres demeurez dans les grandes villes se sont
exposez à la bourrelerie des seize,

pour vous ouurir les portes : &
maintenant SIRE, n'aurez vous
point soin de voſtre vie, pour
conſeruer la leur qui y eſt inſepa-
rablement attachée ? N'aurez-vous
point pitié de tant de femmes, de
tant de pauures enfans qui demeu-
reroient à iamais eſclaues de l'inſo-
lence & cruauté Eſpagnole ?
SIRE, il reſte aſſez d'ennemis
decouuerts à combatre en France,
en Flandre & en Eſpagne, defen-
dez vos coſtez de ces aſſaſſins do-
meſtiques : pourueu que vous les
eſloigniez nous ne craignons point
tout le reſte. L'Eſpagnol ne peut
paruenir à noſtre ſeruitude, qu'au
trauers de voſtre ſang : les Ieſuites ſes creatures n'auront iamais
repos en France qu'ils ne l'ayent
reſpandu. Iuſques icy le ſoin de vos

fideles feruiteurs a empefché leurs
parricides; mais, SIRE, fi on les
laiffe parmy nous, ils pourront
toufiours vous enuoyer des meurtriers qu'ils confefferont, qu'ils
communieront comme Barriere,
& nous, SIRE, ne pourrons pas
toufiours veiller. Il eft impoffible
que ceux qui tentent fi fouuent vne
mefme chofe, ne rencontrent à la
fin: leur efprit tout enfanglanté de la
mort du feu Roy, l'affaffinat duquel
fut proietté & refolu dans leur College, & de l'attentat tout mani-
fefte fur voftre vie, ne fe donne
repos ny iour ny nuict: ains va
toufiours réuant, toufiours tournant,
toufiours trauaillant, pour paruenir à ce dernier poinct, qui eft le
comble de tous les fouhaits & de
tous les defirs des Iefuites. SIRE,

les considerations que ceux qui
n'apprehendent nullement vostre
mort, vous representent au contraire, sont autant de trahisons
toutes claires & toutes manifestes.
Lors que vous aurez asseuré vostre
vie, lors que vous aurez asseuré
l'Estat de tant de grandes &
puissantes villes en exterminant le
conseil public que vos ennemis y
ont encores dedans, par le moyen
des Iesuites : alors on vous redou-
tera delà les monts : & lors SIRE,
on vous portera l'honneur & le
respect qui est deu au premier Roy
de l'Europe : au Roy qui a sur sa
teste la couronne de gloire & de
liberté : au plus grand Roy de
tous les peuples baptisez. Mais
tant qu'on aura esperance de vous
perdre auec tous les François par

les menées, les artifices & les confessions des Iesuites, on vous fera
les indignités que iamais Roy de
France n'a encores endurées. SI-
RE, vous estes le fils aisné de la
plus noble, plus auguste, & plus
ancienne maison qui soit sur la fa-
ce de la terre : tout le cours de vos
ans ne sont que trophées, que triomphes, que lauriers, que victoires
que vous auez remportées de tous
ceux qui ont eu l'audace de vous
attendre : toutes les propheties vous
appellent à la seigneurie du monde : & maintenant qui sont ces
gens icy, qui sont ces traistres, qui
sont ces bastards de la France qui
vous veulent mettre en l'esprit des
craintes d'offenser l'estranger, afin
que vous reteniez ces meurtriers,
qui ont entreprise continuelle sur

voſtre vie ? SIRE, *les Rois de France ont acccouſtumé de donner la loy, & non de la prendre. Le grand Dieu des batailles qui vous a conduit par la main iuſques au lieu où vous eſtes, vous reſerue à des choſes encore infinies fois plus grandes :* Mais, SIRE, *ne meſpriſez point les aduertiſſemens qu'il vous donne, & chaſſés auec ces aſſaſſins Ieſuites tous ceux qui batiſſans leur fortune ſur voſtre tombeau, entreprendront de les retenir en voſtre Royaume.*

IE CONCLVS, à ce qu'il plaiſe à la Cour, en enterinant la requeſte de l'Vniuerſité, ordonner que tous les Ieſuites de France vuideront & ſortiront le Royaume, terres & païs de l'obéïſſance de ſa Maieſté, dans quinze iours après la ſignification, qui ſera fai-

te en chacun de leurs Colleges oũ
maiſons, en parlant à l'vn d'eux
pour tous les autres. *Alias*, & à
faute de ce faire, & où aucun
d'eux ſeroit trouué en France a-
près ledit temps, que ſur le champ
& ſans forme ne figure de procès
il ſera condamné, comme criminel de leze Maieſté au premier
chef; & ayant entrepriſe ſur la vie
du Roy : Et demande deſpens.

RESOLVTION DE L'VNIVERSITE', SOLEMNELLEMENT & legitimement assemblée le 18. Auril 1594. de demander que les Iesuites soient du tout chassez.

ANNO *Domini millesimo quingentesimo nonagesimo quarto die Lunæ decima octaua mensis Aprilis: Conuocata Vniuersitas omnium ordinum huiusce incliti studij Parisiensis apud ædem sancti Mathurini, pro supplicatione peragenda ab Academia ad ædem sanctæ Capellæ Regalis Palatij Parisiensis, ad reddendas gratias altissimo Deo pro reductione felici huiusce almæ vrbis, prosperitate & felicissimo successu Christianissimi & inuictissimi domini nostri* HENRICI IIII. *Regis Francorũ & Nauarræ, conseruatione dictæ vrbis sub ditione & protectione dicti domini nostri Regis, ac pro quamplutibus alijs rebus ad aca-*

demiam spectantibus, atque super sup-
plica ione facta à D. & magistro Lau-
rentio Bourceret artium doctore de vo-
candis in ius Iesuitis, vt omnino eji-
ciantur.

Dicta Vniuersitas debitè, vt moris
est, hora solita conuocata ex consensu
vnanimi omnium Doctorum & Ma-
gistrorum singularum quatuor faculta-
tis & quatuor Procuratorum natio-
num, nemine r pugnante, censuit & de-
terminauit, esse annuendum supplica-
tioni dicti D. Bourceret, idcoque in iu-
dicium & ius ritè & conuenienter Iesuitas vocandos, vt eijciantur omnino. Eam ob rem censuit Vniuersitas ex
singulis ordinibus nominandos aliquot
selectos viros, qui ea diligenter curent,
quæ ad litem contra Iesuitas mouen-
dam pertinent. Vnde facultas Theolo-
gorum nominauit D. magistrum A-
drianum d'Amboise summum regiæ Nauarræ moderatorem, & alium Docto-
rem quem dictus D. d'Amboise volue-
rit eligere. Facultas Decretorum quæ
acta sunt approbauit: & quia vnicus

stantum Doctor nomine dominus Dauid-
son aderat, promisit se nominaturum
aliquem alium ex suis doctoribus. Facultas autem medicorum ordinauit D.
& magistrum Iacobum Cousinot.
Postremò facultas artium nominauit
dictum magistrum Laurentium Bourceret, & D. Georgium Criton. Sícque
statutum fuit vnanimiter & conclu-
sum nemine reclamante per D. Iacobum d'Amboise academiæ Rectorem,
totámque academiam, anno & die
præfatis. Ainsi signé DV VAL.
Et à costé, *Visa per nos Rectorem Iacobum d'Amboise*, & séellé de cire
rouge.

EXTRAIT DV PRIVILEGE.

Il eſt permis à Mamert Patiſſon imprimeur du Roy, d'imprimer & vendre le Plaidoyer de Maître Antoine Arnauld Avocat en Parlement, pour l'Univerſité de Paris demandereſſe, contre les Jeſuites défendeurs : avec défenſe à tous Imprimeurs & Libraires de l'imprimer, ne vendre ſinon de ceux qu'aura imprimés ledit Patiſſon, juſqu'après le terme de ſix ans : ſur peine de confiſcation & d'amande. Donné à Paris le 13. Aouſt 1594. ſigné par le Conſeil, GOGUIER.